Oxana Shestak

Autonomie bei der Arbeit

Weniger Arbeitsstress durch mehr Selbstbestimmung?

Bibliografische Information der Deutschen Nationalbibliothek:

Die Deutsche Nationalbibliothek verzeichnet diese Publikation in der Deutschen Nationalbibliografie; detaillierte bibliografische Daten sind im Internet über http://dnb.d-nb.de abrufbar.

Impressum:

Copyright © Science Factory 2019

Ein Imprint der GRIN Publishing GmbH, München

Druck und Bindung: Books on Demand GmbH, Norderstedt, Germany

Covergestaltung: GRIN Publishing GmbH

Inhalt

1 Einleitung 1

2 Zwei Seiten der Erwerbsarbeit..4

3 Befunde zum Stress- und Krankheitsgeschehen in der deutschen Arbeitswelt..5

4 Die Ursachen für den kollektiven Stressanstieg..7

5 Theoretische Grundlagen...9
   5.1 Pathogenetische und salutogenetische Ansätze............................. 10
   5.2 Begriffe aus der Belastungsforschung... 10
   5.3 Ressourcen.. 13
   5.4 Autonomie 14
   5.5 Stress.. 17

6 Autonomie in der Arbeit und arbeitsbedingter Stress 25
   6.1 Modelle zum Zusammenhang 28

7 Empirische Befunde zum Zusammenhang..36

8 Gestaltung der Arbeitsbedingungen..42

9 Fazit..44

Literaturverzeichnis..38

1 Einleitung

Stress scheint mittlerweile ein untrennbarer Bestandteil der modernen Arbeitswelt zu sein. Laut einer Betriebsrat-Umfrage der IG Metall aus dem Jahr 2011 gaben 68 % der Betriebsräte an, dass sie einen starken Anstieg von arbeitsbedingtem Stress und Leistungsdruck wahrnehmen (Urban et al. 2012: 26). Nach Angaben der TK-Stressstudie aus dem Jahr 2016 kann Erwerbsarbeit sogar als der „Stressfaktor Nummer eins" (Wohlers & Hombrecher, 2016: 21) in Deutschland betrachtet werden.

Obwohl Stress nicht mit Krankheit gleichgesetzt werden kann, hat dieser einen entscheidenden Einfluss auf deren Entstehung (Kohte 2012: 79; Allenspach & Brechbühler 2005: 14; Dragano 2007: 14; Hapke et al. 2013: 751). Chronischer Stress hat das Potenzial, Herz-Kreislauf-Probleme, Krankheiten des Muskel-Skelett-Systems, psychosomatische Erkrankungen und Beeinträchtigung des Immunsystems, psychische Störungen sowie Verhaltensstörungen zu verursachen (Metz & Rothe 2017: 15 f.). Laut der WHO stellt Stress eines „der größten Gesundheitsgefahren des 21. Jahrhunderts [...] [dar. Sie] rechnet damit, dass im Jahr 2020 jede zweite Krankmeldung auf Stress zurückzuführen sein wird" (Poulsen 2012: 13).

Von dieser Problematik sind nicht nur die Erwerbstätigen selbst betroffen, sie besitzt auch weitreichende betriebliche und gesellschaftliche Konsequenzen (Latocha 2015: 13; Kroll et al. 2011: 1).

Zum einen entstehen *direkte Kosten* in Form von Ausgaben für Krankheitsbehandlung, Präventions-, Rehabilitations- und Pflegemaßnahmen sowie Verwaltungskosten (Latocha 2015: 26; Bödeker & Friedrichs 2012: 42), die von Unternehmen und Erwerbstätigen getragen werden müssen. Die Gesundheitsausgaben beliefen sich im Jahr 2010 auf 287,3 Milliarden Euro, was 11,6% des Bruttoinlandsprodukts betrug. Im Jahr 2008 waren es noch 158,7 Milliarden Euro (Latocha 2015: 25).

Zum anderen kommt es zu *indirekten Kosten*, die sich im „Produktionsausfall und Ausfall an Bruttowertschöpfung" (Bödeker & Friedrichs 2012: 45) bemerkbar machen. Nach Einschätzungen der Bundesanstalt für Arbeitsschutz und Arbeitsmedizin wurden im Jahr 2015 587,4 Millionen Arbeitsunfähigkeitstage registriert. Daraus resultierten 64 Milliarden Euro Verlust aufgrund von Produktionsausfällen und 113 Milliarden Euro durch den Produktions- und Bruttowertschöpfungsausfall (Meyer et al 2017: 282).

Diese Problematik ist auch vor dem Hintergrund des *demografischen Wandels* von besonderer Bedeutung. Wird der Stresszunahme nicht entgegengewirkt, so wird die Zahl der Erwerbstätigen, die im regulären Alter aus dem Erwerbsleben ausscheiden, unproportional zu den Personen im arbeitsunfähigen Zustand schrumpfen. Dies wird zu höheren Steuerabgaben führen (Zoike 2012: 60; Hannack & Räder 2011: 437; Latocha 2015: 25; Dragano 2007: 36 f.; Lohmann-Haislah 2012: 12).

Die Ursachen für Stressentstehung in der Arbeit sind vielfältig. In der Literatur werden unter anderem äußere Faktoren wie Einkommens- und Beschäftigungsunsicherheit, ungünstige Bedingungen der Arbeitsorganisation, der Arbeitsumgebung und des Arbeitsplatzes, unbefriedigende kollegiale Beziehungen, mangelnde Lern- und Entwicklungsmöglichkeiten, geringer Einfluss, schlechte Vereinbarkeit von Familie und Beruf sowie zu geringe oder zu hohe Autonomie genannt (Gundert 2013: 21; Oppolzer 2010: 17; Richter 2013: 144; Blum & Gutwald 2018: 164).

Im Rahmen dieser Arbeit wird der Einflussfaktor „Autonomie" in den Fokus gerückt. Denn in der wissenschaftlichen Literatur wird darüber diskutiert, dass Autonomie neben sozialen Beziehungen in der Erwerbsarbeit einen der bedeutendsten Einflüsse im Stressgeschehen einnimmt (Semmer & Dunckel 1991: 73; Frese & Semmer 1991: 136). Daraus lässt sich die Frage ableiten, ob ein Zusammenhang zwischen arbeitsbedingtem Stress und Autonomie besteht. Falls dies zutreffen sollte, wird außerdem der Frage nachgegangen, ob sie eine stressreduzierende Funktion besitzt oder ob sie nicht sogar selbst zum Stressauslöser werden kann.

Die Arbeit ist in vier Abschnitte gegliedert. Zunächst wird kurz auf die Erwerbsarbeit eingegangen und die aktuelle Stresslage in der deutschen Arbeitswelt dargestellt, wobei auch auf die Ursachen eingegangen wird. Es folgt der theoretische Teil, in dem die grundlegenden Begriffe eingeordnet und definiert werden. Hier werden auch Erklärungsansätze vorgestellt, die sich dem Zusammenhang zwischen Autonomie in der Arbeit und arbeitsbedingtem Stress widmen. Im dritten Abschnitt werden theoretischen Konzepte und die daraus abgeleiteten Hypothesen mit Hilfe von einigen Studien einer Überprüfung unterzogen. Schließlich wird darauf eingegangen, unter welchen Rahmenbedingungen und welche Art von Autonomie in der Erwerbsarbeit vor belastenden Arbeitsanforderungen schützen kann und wann sie selbst das Stressrisiko erhöht.

2 Zwei Seiten der Erwerbsarbeit

Erwerbsarbeit und ihre Anforderungen sind nicht unmittelbar belastend und führen auch nicht direkt zu Stress (Greif 1991: 3). Für die meisten Menschen im arbeitsfähigen Alter stellt sie einen zentralen Lebensbereich dar (Dragano 2007: 75 f.). Erwerbsarbeit ermöglicht nicht nur eine Sicherung des Lebensunterhalts, sie hat auch viele weitere wichtige Funktionen. Sie bestimmt den sozialen Status, entscheidet über Macht und Optionen, die mit der Einkommenshöhe verbunden sind und ermöglicht es dem Individuum, sich selbst zu verwirklichen. Zu weiteren bedeutenden Merkmalen zählen die Planungssicherheit im Lebensverlauf, Identitätsbildung, da durch das Ausüben einer Berufstätigkeit bestimmte Rollen übernommen werden, Förderung des Netzwerkaufbaus sowie feste Strukturen (Allenspach & Brechbühler 2005: 13; Gundert 2013: 19 f.; Kroll et al. 2011: 1; Dragano 2007: 75 f.; Schermuly 2016: 18 f.).

Nichts desto trotz kann Arbeit, neben anderen wichtigen Faktoren wie Familie und ihrer Vereinbarkeit mit dem Beruf, persönlichem Lebensstil, individueller Situation sowie persönlichen Eigenschaften, als ein bedeutender potenzieller Stressauslöser betrachtet werden (Plaumann 2006: 131; Zoike 2010: 66; Metz & Rothe 2017: 14). Sie hat das Potenzial, das Wohlbefinden zu beeinträchtigen, chronischen Stress zu verursachen sowie physische und psychische Erkrankungen hervorzurufen (Kohte 2012: 79; Allenspach & Brechbühler 2005: 14; Dragano 2007: 14). Dies belegen zahlreiche epidemiologische Studien. Sie zeigen, dass sich bestimmte Berufs- und Tätigkeitsgruppen, die bestimmten Arbeitsbedingungen ausgesetzt sind, hinsichtlich der Häufigkeit von Krankheitsentstehungen signifikant von Vergleichsgruppen ohne diese Umstände unterscheiden (Metz & Rothe 2017: 15).

3 Befunde zum Stress- und Krankheitsgeschehen in der deutschen Arbeitswelt

Die moderne Arbeitswelt ist unter anderem durch eine Zunahme von Stress und psychischen Belastungen gekennzeichnet (Poulsen 2012: 11; Schröder & Urban 2012: 17; Poppelreuter & Mierke 2008: 5). Inzwischen sind Erwerbstätige aller Branchen und Berufsgruppen mit steigender Arbeitsintensität, Mehrarbeit, zunehmendem Zeit- und Leistungsdruck, einem Zuwachs tatsächlicher Arbeitszeiten, Vertrauensverlust sowie Mobbing konfrontiert (Voß et al. 2013: 63). Laut dem European Working Condition Survey arbeiten mittlerweile 55 % der deutschen Erwerbstätigen mindestens die Hälfte ihrer Arbeitszeit unter Termindruck (Kratzer & Dunkel 2013: 41). Auch viele andere Studien bestätigen mit ihren Daten einen enormen Anstieg von Arbeits-, Zeit- und Leistungsdruck (Kratzer & Dunkel 2011: 13). In einer Untersuchung der TK-Stressstudie aus dem Jahr 2016 gaben 43 % der befragten Beschäftigten an, dass sie sich abgearbeitet und verbraucht fühlen und 38 % der Befragten berichteten davon, dass sie nach der Arbeit nicht richtig zur Ruhe kommen können (Wohlers & Hombrecher, 2016: 27).

In Deutschland stellen arbeitsbedingte Gesundheitsprobleme, die mit Stress in Verbindung gebracht werden, mit 50-60 %, inzwischen die Hauptursache für Fehlzeiten dar (Plaumann et al. 2006: 132). In den vergangenen Jahren nahmen psychische Erkrankungen um mehr als das Doppelte zu und befinden sich auf dem zweiten Platz der häufigsten Krankheiten (Latocha 2015: 13). Allein aufgrund von Symptomen, die auf Burnout hinweisen, wurden im Jahr 2008 um die 40.000 Erwerbstätige mit insgesamt zehn Millionen Tagen krankgeschrieben, wobei die durchschnittliche Anzahl an Fehltagen im Jahr 2010 beinahe neunmal so hoch war wie es noch vor sechs Jahren der Fall war (Poulsen 2012: 13). Im Jahr 2016 verursachten psychische Erkrankungen, Herz- und Kreislaufprobleme sowie Muskel- und Skeletterkrankungen, neben körperlichen Verletzungen,

60 % von allen Langzeitarbeitsunfähigkeitstagen von mehr als sechs Wochen (Meyer et al. 2017: 281). Außerdem können psychische Störungen als eine wesentliche Ursache für Frühverrentungen betrachtet werden (Bödeker & Friedrichs 2012: 39).

Insbesondere Beschäftigte aus dem Dienstleistungssektor, die laut Statistischem Bundesamt im Jahr 2011 73,8% aller Erwerbstätigen in Deutschland ausmachten, sind von den psychischen Belastungen betroffen (Blum & Gutwald 2018: 163; Kratzer & Dunkel 2013: 42; Junghanns & Morschhäuser 2013: 9).

4 Die Ursachen für den kollektiven Stressanstieg

Dieser enorme Stressanstieg in der Arbeit und die Verlagerung von physischen zu psychischen Anforderungen ist auf tiefgreifende Veränderungen in den letzten Jahrzehnten zurückzuführen (Urban et al. 2012: 27; Voß et al. 2013: 63; Poppelreuter & Mierke 2008: 15; Gerlmaier 2002: 82). Die gegenwärtige Arbeitswelt zeichnet sich durch folgende Entwicklungen aus:

- massive Bedeutungsabnahme des sekundären Sektors und den starken Zuwachs an Erwerbstätigen im Dienstleistungssektor (Pröll 2003: 31; Rudow 2014: 49; Junghanns & Morschhäuser 2013: 9);
- den immensen Anstieg von Wissensarbeit, der einen schnelleren technologischen Fortschritt ermöglichte und dadurch neue Informations- und Kommunikationstechnologien hervorbrachte, die wiederum zum Erwerb von weiterem Wissen antreiben (Rudow 2014: 48; Pröll 2003: 31; Schermuly 2016: 34);
- zunehmenden Stellenabbau, da viele Arbeitsplätze aufgrund von digitalen Technologien nicht mehr benötigt werden (Schermuly 2016: 34);
- starke Zunahme von atypischen Beschäftigungsformen (Gerlmaier 2002: 27) und die damit einhergehende „'Erosion des Normalarbeitsverhältnisses'" (Guntert 2013: 17);
- Voranschreiten der (ökonomischen) Globalisierung, denn vor allem große Unternehmen arbeiten international und ihre Standorte sowie Produktionspartner sind über die ganze Welt verteilt (Pröll 2003: 31; Junghanns & Morschhäuser 2013: 9; Schermuly 2016: 38 f.; Siegrist 2013: 83);
- anwachsenden wirtschaftlichen Wettbewerbsdruck, der unter anderem durch einen „erheblichen Bedeutungszuwachs des Finanzmarktes" (Minssen 2012: 20) und Globalisierung entstand

und der Unternehmen dazu bringt, sich in ihrem Handeln am Marktgeschehen auszurichten (Junghanns & Morschhäuser 2013: 9);
- veränderte Managementkonzepte, die aus der Marktorientierung entspringen und neue Organisations- und Steuerungsformen sowie Restrukturierungsmaßnahmen erfordern (Pröll 2003: 31; Eichhorst et al. 2016: 9; Gundert 2013: 17; Kratzer & Dunkel 2011 14 f.; Rudow 2014: 48 f.).

Dieser Wandel brachte unzählige neue Tätigkeiten und Anforderungsprofile hervor. Die Erwerbstätigen stehen nun vor einer zunehmenden Aufgabenmenge- und Vielfalt, die sie in einer kürzeren Zeit bei gleichzeitig häufigeren Arbeitsunterbrechungen bewältigen müssen. Darüber hinaus sind sie dazu gezwungen, sich den schnellen technischen Veränderungen durch eine ständige Erweiterung ihres Wissens und ihrer Fähigkeiten anzupassen. Auch müssen sie höhere Verantwortung für ihre Arbeitsdurchführung und -ergebnisse übernehmen (Eichhorst et al. 2016: 10; Junghanns & Morschhäuser 2013: 9 f.). Um im Wettbewerbsdruck bestehen zu können, bemühen sich die Unternehmen darum, ihre Kosten zu minimieren, wodurch viele Erwerbstätige Arbeitsplatz- und Beschäftigungsunsicherheit (Voß et al. 2013: 75; Siegrist 2013: 83) sowie eine „Flexibilisierung von Arbeitszeit und Arbeitsort" (Minssen 2012: 70) in Kauf nehmen müssen. Infolge enormer Konkurrenz wird immer weniger kollegiale Unterstützung erfahren, was mit einem Vertrauensverlust einhergeht (Urban 2012: 27; Plaumann et al. 2006: 7; Voß et al. 2013: 63). Zugleich wird Teamarbeit gefördert, um kreative Ideen auszuarbeiten (Schermuly 2016: 32). Schließlich erfolgt eine zunehmende Auflösung der Grenzen zwischen Arbeit und Privatleben (Junghanns & Morschhäuser 2013: 10; Frey 2009: 13).

5 Theoretische Grundlagen

Aufgrund dieser Trends gewinnt das Stressthema im Zusammenhang mit Arbeit nicht nur in der Forschung an Bedeutung, sondern auch in den Medien, Politik und bei den Erwerbstätigen selbst (Greif 1991: 1; Urban et al. 2012: 23; Latocha 2015: 30; Richter & Hacker 2008: 9).

Arbeitsbedingter Stress ist jedoch kein neues Phänomen. Den Stress-Begriff im Zusammenhang mit Erwerbsarbeit benutzte bereits der englische Arzt Osler im Jahr 1910 (Dragano 2007: 69), doch erst durch einen der ersten Stressforscher, Selye, erlangte dieser Begriff an Popularität (Greif 1991: 7; Richter & Hacker 2008: 15). Seit den 60er Jahren stieg die Anzahl der Natur-, Arbeits- und Sozialwissenschaftler, die sich mit dieser Problematik befassen, kontinuierlich an (Greif 1991: 1; Gerlmaier 2002: 83; Richter & Hacker 2008: 9 f.). Dabei entwickelte jede Disziplin unterschiedliche Annahmen darüber, auf welche Art und Weise arbeitsbedingter Stress erzeugt wird. Somit liegt eine nur von Experten überschaubare Menge an Modellen vor, die diesen Zusammenhang untersuchen (Greif 1991: 9).

In der Alltagssprache wird Stress meist mit belastenden Situationen assoziiert und in erster Linie mit Zeitdruck gleichgesetzt (Dragano 2007: 70; Allenspach & Brechbühler 2005: 18; Neuner 2016: 7; Greif 1991: 1).

Auch Wissenschaftler sind sich über die Bedeutung des Begriffs nicht einig. Zum einen unterscheiden sich die Strömungen im Hinblick auf die Verwendung von grundlegenden Begriffskomplexen: In der Stressforschung, mit der sich in Medizin und Psychologie befasst wird, wird von Stress, Stressor und Stressreaktion gesprochen, während sich Arbeitswissenschaftler mit Belastungsforschung beschäftigen und Begrifflichkeiten wie (psychische) Belastung, (psychische) Beanspruchung und Fehlbeanspruchung präferieren. Zum anderen gibt es innerhalb dieser Ausrichtungen unterschiedliche theoretische Konzepte, die diese Begriffe anders definieren (Gerlmaier 2002: 84; Richter & Hacker 2008: 15; Greif 1991: 3 f.).

5.1 Pathogenetische und salutogenetische Ansätze

Um sich dem Thema Stress in dieser Arbeit zu nähern, wird an dieser Stelle zunächst eine grundlegende Unterscheidung zwischen zwei gegensätzlichen Perspektiven auf diese Problematik vorgenommen, der *pathogenetischen* und der *salutogenetischen* Sichtweise.

Bei den pathogenetisch orientierten Ansätzen, die vor allem in der klassischen Stress- und Belastungsforschung entwickelt wurden, stehen Krankheiten im Vordergrund. Es wird danach gefragt, warum Menschen krank werden und somit auch, warum Stress entsteht. Gesundheit wird hier als Abwesenheit von Krankheiten verstanden und im Mittelpunkt stehen Stress verursachende Einflussfaktoren (Gerlmaier 2002: 107).

Salutogenetische Ansätze konzentrieren sich dagegen auf die Gesundheit und wie diese aufrecht erhalten werden kann., so dass Faktoren betrachtet werden, die das Wohlbefinden fördern. Diese gewinnen seit Anfang der 90er Jahren an Popularität. Hier befassen sich die Forscher mit der Frage, wie Gesundheit trotz Belastungen erhalten werden kann (Gerlmaier 2002: 107; Richter & Hacker: 2008: 22), wobei Gesundheit als ein „Zustand vollkommenen körperlichen, seelischen und sozialen Wohlbefindens" (Gerlmaier 2002: 107) definiert wird.

5.2 Begriffe aus der Belastungsforschung

Nicht nur das Thema Stress in der Arbeit beschäftigt die Forscher seit mehr als einem Jahrhundert, zur ungefähr gleichen Zeit entwickelte sich eine andere Grundausrichtung, die sich nicht mit Stress, sondern mit arbeitsbedingter Belastung und Beanspruchung befasst (Greif 1991: 3 f.; Gerlmaier 2002: 83). Da die Begriffe der Belastungsforschung einheitlich definiert werden, dienen sie hier als Ausgangspunkt und bieten Orientierung für die darauffolgenden Begrifflichkeiten aus der Stressforschung.

Die Betrachtung der Begriffe Belastung und Beanspruchung im Zusammenhang mit Erwerbsarbeit geht wohl auf das bis heute in der Arbeitsmedizin populärste Modell von Rohmert und Rutenfranz zurück, das als *Belastungs-Beanspruchungs-Konzept* bezeichnet wird (Neuner 2016: 9; Poppelreuter & Mierke 2008: 15). Mit Hilfe dieses Modells werden die negativen Auswirkungen von den Rahmenbedingungen und den Anforderungen der Erwerbsarbeit auf den Menschen untersucht (Ducki 2000: 28; Poppelreuter & Mierke 2008: 15). Die Beziehung zwischen einer objektiv einwirkenden Größe und einem Material aus einem mechanischen Modell der Physik wurde auf das Verhältnis zwischen Einflussfaktoren aus der Arbeit und einer Person übertragen (Gerlmaier 2002: 94 f.). Daraus entstanden die Definitionen der Begriffe *Belastung* und *Beanspruchung*, die bis heute in der Belastungsforschung beibehalten wurden. Dabei werden unter Belastungen „objektive, von außen her auf den Menschen einwirkende Größen und Faktoren" (Poppelreuter & Mierke 2008: 15) verstanden und unter Beanspruchungen „subjektive Folgen derartiger Belastungen im Menschen und auf den Menschen" (Poppelreuter & Mierke 2008: 15). Belastungen umfassen also alle physischen, physikalischen, chemischen, psychischen und sozialen Arbeitsanforderungen, die mit bestimmten Arbeitsaufgaben einhergehen und nicht an eine bestimmte Person gebunden sind (Siegrist 2013: 83). Im Gegensatz dazu werden mit dem Begriff „Beanspruchungen" *subjektive* Auseinandersetzungen mit den Anforderungen beschrieben (Rudow 2014: 54 f.).

Ursprünglich bestand das Forschungsinteresse vor allem darin, die Auswirkungen von körperlichen, physikalischen und chemischen Belastungsfaktoren in der Arbeit wie körperliche Anstrengung, Lärm, Hitze und chemische Stoffe zu untersuchen. Durch die veränderten Arbeitsbedingungen verlagerte sich die Aufmerksamkeit jedoch auf Belastungen, die psychische Beanspruchungen verursachen. Als Folge wurden die Begriffe *psychische* Belastungen und *psychische*

Beanspruchungen eingeführt (Gerlmaier 2002: 95; Rudow 2014: 57). Seit dem Jahr 2000 existieren auch von diesen Begriffen einheitliche Definitionen, die in der internationalen Norm DIN EN ISO 10075-1 (Normenausschuss Ergonomie im DIN Deutsches Institut für Normung e.V.) festgelegt wurden (Metz & Rothe 2017: 7; Gerlmaier 2002: 84 ff.; Neuner 2016: 9; Rudow 2014: 54). In dieser Norm wird unter *psychischen Belastungen* „die Gesamtheit aller erfassbaren Einflüsse, die von außen auf den Menschen zukommen und psychisch auf ihn einwirken" (Metz & Rothe 2017: 7) verstanden. Eine *psychische Beanspruchung* wird wiederum als „die individuelle, zeitlich unmittelbare und kurzfristige Auswirkung der (psychischen) Belastung im Menschen in Abhängigkeit von seinen individuellen Voraussetzungen und seinem Zustand" (Poppelreuter & Mierke 2008: 17) definiert. Mit dem Begriff „psychisch" werden alle *kognitiven* (Denken, Lernen und Erinnerungsvermögen), *informativen* (Sinneseindrücke und -wahrnehmungen) sowie *emotionalen* (Gefühle und Triebe) Prozesse im menschlichen Organismus zusammengefasst (Oppolzer 2010: 14).

Beide Begriffspaare sind als wertneutral zu verstehen und sollen in erster Linie die Unterscheidung zwischen *objektiven Auslösern* und *subjektiven Auswirkungen* hervorheben. Sie sind also sehr weit gefasst und beziehen sowohl alle positiven als auch negativen äußeren Einflüsse sowie alle beliebigen Reaktionen des Organismus mit ein. Das bedeutet, dass aus der gleichen (psychischen) Belastung wie lauter Musik oder Zeitdruck unterschiedliche (psychische) Beanspruchungen resultieren können, die sowohl positiver als auch negativer Art sein können (Oppolzer 2010: 14; Greif 1991: 4; Rudow 2014: 55; Poppelreuter & Mierke 2008: 17 f.).

Nach dem klassischen Belastungs-Beanspruchungs-Konzept ist die individuelle (psychische) Beanspruchung von der Belastungsmenge, -dauer und -verteilung sowie den Eigenschaften einer Person (*internen Ressourcen*) abhängig, aus welchen subjektive Wahrnehmungs-

und Bewertungsprozesse sowie Bewältigungsstrategien resultieren (Rudow 2014: 55; Latocha 2015: 31; Neuner 2016: 9 f.; Plaumann et al. 2006: 8; Gerlmaier 2002: 112; Ducki 2000: 30).

Wird eine Belastung vom Individuum negativ bewertet, trägt sie die Bezeichnung *Fehlbelastung*. Erfolgt daraufhin eine negative Beanspruchung, wird diese *Fehlbeanspruchung* genannt (Rudow 2014: 54 ff.; Rudow 2014: 84; Neuner 2016 10).

Rudow (2014: 57) nimmt weiterhin eine Unterscheidung in *Beanspruchungsreaktionen* und *Beanspruchungsfolgen* vor, um hervorzuheben, ob das Individuum *kurz-* oder *langfristig* beansprucht wird. Dieser Differenzierung nach entspricht ersteres der klassischen Definition von (psychischen) Beanspruchungen und meint eine *kurzfristige* Auswirkung einer (psychischen) Belastung. Bei Beanspruchungsfolgen handelt es sich um *langfristige* Auswirkungen. Auch diese Begriffe sind als wertneutral zu begreifen.

5.3 Ressourcen

In der Belastungs- und Stressforschung werden unter *Ressourcen* in der Arbeit alle Gegenstände, Situationen, Bedingungen und persönliche Eigenschaften verstanden (Holliday et al. 2017: 601), die eine *Schutz-* oder *Entlastungsfunktion* erfüllen und unter anderem dabei helfen, besser mit potenziellen Stressoren bzw. Fehlbelastungen umzugehen (Plaumann et al. 2006: 8; Gerlmaier 2002: 112; Greif 1991: 73; Dunckel 1991: 158). Vor allem in gesundheitsorientierten Modellen spielen sie bei der Stressbewältigung eine wichtige Rolle (Gerlmaier 2002: 113).

Salutogenetische Ansätze differenzieren nach *internen* (personalen) und *externen* (äußeren) Ressourcen, wobei die äußeren Ressourcen in organisationale und soziale Ressourcen unterteilt werden (Richter & Hacker 2008: 25; Gerlmaier 2002: 112).

Personale Ressourcen sind individuelle Eigenschaften und können als „situationsübergreifende Handlungsmuster sowie kognitive Überzeugungssysteme" (Richter & Hacker 2008: 25) betrachtet werden. Zu den bedeutendsten personalen Ressourcen zählen Selbstwirksamkeitserwartungen, Kohärenzerleben, Kontrollüberzeugungen sowie Bewertungs- und Bewältigungskompetenzen (Richter & Hacker 2008: 25; Rudow 2014: 114; Gerlmaier 2002: 113).

Unter *äußeren Ressourcen* werden die Ressourcen aus der Arbeits-Umwelt verstanden (Gerlmaier 2002: 117), die sich aus Arbeitsorganisation und sozialer Unterstützung zusammensetzten. Es sind vor allem Autonomie und soziale Unterstützung, denen als externe Ressourcen die größte Bedeutung beigemessen wird. Aber auch externe Ressourcen wie beispielsweise Partizipationsmöglichkeiten, Aufgabenvielfalt sowie Lern- und Entwicklungsmöglichkeiten werden als wichtig erachtet (Rudow 2014 114 f.; Plaumann et al. 2006: 134; Richter & Hacker 2008: 25).

5.4 Autonomie

Unter Autonomie wird grundsätzlich „'Selbstbestimmung', 'Selbstgesetzgebung' oder 'Eigengesetzlichkeit'" (Frey 2009: 26) verstanden. Aus soziologischer Perspektive stellt sie meist einen Gegenbegriff zur Anpassung dar (Frey 2009: 26). Ein Individuum, das autonom ist, handelt also selbstständig, unabhängig und nach seinem eigenen Willen, in dem Handlungsrahmen, der ihm von seiner Umwelt zur Verfügung gestellt wird (Kastner 2003: 41; Peters 2003: 95; Hohner 1987: 52). Diese Auffassung von Autonomie kann nach Peters (2003: 95 f.) auf zwei Arten begriffen werden. Einerseits kann darunter „*die Freiheit zu tun, was man selbst will*" (Peters 2003: 95 f.) verstanden werden, indem den eigenen inneren Trieben nachgegangen wird. Auf der anderen Seite kann mit Autonomie genau das Gegenteil gemeint sein, nämlich die Freiheit, sich nicht von den eigenen Trieben leiten zu lassen und somit vernunftgeleitet zu handeln (Peters 2003: 87).

Kastner (2003: 41) zufolge überschneidet sich Autonomie mit dem Begriff *Handlungsspielraum,* ist mit diesem jedoch nicht gleichzusetzen, wobei er unter Handlungsspielraum „Freiraum hinsichtlich Zeit, Raum, Entscheidungen bzw. Anzahl der Handlungsalternativen" (Kastner 2003: 42) versteht. Das folgende Beispiel soll veranschaulichen, warum er Handlungsspielraum nicht synonym für Autonomie verwendet.

Eine Person ohne festen Wohnsitz handelt zwar nach ihrem eigenen Willen und kann theoretisch über ihr Handeln vollständig selbst bestimmen, faktisch unterliegt ihr Handlungsspielraum aber dermaßen starken Einschränkungen, dass kaum Alternativen bzw. Spielräume zur Auswahl stehen (Kastner 2003: 41; Hohner 1987: 52). Umgekehrt kann es sich mit einem Besitzer eines Unternehmens verhalten: Dieser verfügt über große Freiräume jeglicher Art, kann aber möglicherweise nicht unabhängig nach seinem eigenen Willen handeln, da seine Handlungen äußeren Verpflichtungen und inneren Moralvorstellungen unterliegen (Kastner 2003: 41). Es muss also einerseits ein Rahmen mit Alternativen zur Verfügung stehen und andererseits müssen diese Alternativen auch in Anspruch genommen werden können.

Im Arbeitskontext wird Autonomie in den theoretischen Ansätzen und empirischen Studien meist mit *Tätigkeits-, Handlungs-* und *Entscheidungsspielraum* auf der Mikro- und Mesoebene assoziiert. Dabei bezieht sich die Mikroebene auf die Arbeitsaufgaben (Ducki 2000: 48; Rudow 2014: 114), während zu der Mesoebene „die Rollenstruktur, das Organisations- und Teamklima und die soziale Unterstützung" (Rudow 2014: 114) zählen. Unter Autonomie in der Arbeit wird also die Tatsache verstanden, das dem Erwerbstätigen Grenzen gesetzt werden, innerhalb derer er Einfluss auf unterschiedliche Dimensionen seiner Arbeit nehmen kann. Das Individuum besitzt somit Spielräume bzw. Freiräume hinsichtlich Handlungs- und Entscheidungsalternativen in Bezug auf Zeit, Raum bzw. Ort, Mittel,

Aufgaben, Inhalt und Vorgehensweise (Peters 2003: 97; Dunckel 1991: 158; Semmer & Dunckel 1991: 77 ff.; Frese & Semmer 136; Plaumann et al. 2006: 135; Ducki 2000: 49).

Konkret bedeutet das Folgendes: Ein Erwerbstätiger, der in der Arbeit über viel Autonomie verfügt, kann also selbständig darüber entscheiden, welche Aufgaben er bearbeitet und welche nicht, zu welcher Tageszeit er mit diesen beginnt und wann er mit diesen abschließt. Auch über die Reihenfolge der Bearbeitung und mit welchen Mitteln (z.B. freie Software-Auswahl) diese erledigt werden, kann der autonome Erwerbstätige selbst entscheiden. Außerdem kann er seine Arbeitswoche selbst einteilen, indem er darüber entscheidet, wann er mit der Arbeit beginnt und wann er diese beendet. Er kann auch bestimmen, an welchem Ort er seine Arbeit verrichtet und ob er eine bestimmte Aufgabe überhaupt bearbeiten muss oder ob die Möglichkeit besteht, diese an einen anderen Kollegen zu delegieren (Schermuly 2016: 54 f.; Gerlmaier 2002: 117 f.; Gerlmaier 2002: 167 f.; Rudow 2014: 152).

Abzugrenzen ist Autonomie von Kontrolle, obwohl diese Begriffe oft synonym verwendet werden (Frese & Semmer 1991: 137; Frey 2009: 24). Kontrolle wird in salutogenetischen Ansätzen, wie bereits geschrieben, als eine personale Ressource begriffen. Autonomie ist dagegen eine organisationale Ressource, die durch eine äußere Instanz gegeben wird. Die Kontrollwahrnehmung ist durch das Vorhandensein von Autonomie bedingt, denn sind in der Arbeit genügend Freiräume existent, kann beispielsweise die Dauer der Fehlbelastungseinwirkung vom Erwerbstätigen kontrolliert werden (Ducki 2000: 49; Richter & Hacker 2008: 26).

In dieser Arbeit werden unter Autonomie der Erwerbstätigen Spielräume hinsichtlich Handlungs- und Entscheidungsalternativen in Bezug auf Zeit, Raum bzw. Ort, Mittel, Aufgaben, Inhalt und Vorgehensweise verstanden.

5.5 Stress

Im Unterschied zu den Begriffen aus der Belastungsforschung, gibt es bei den Stressdefinitionen große Differenzen. Häufig tauchen dabei Begriffe wie Stressor und Stressreaktion auf, die auf unterschiedliche Weise definiert und mit dem Stress-Begriff kombiniert werden. Es kann eine Gruppierung in drei Modellarten vorgenommen werden, in welchen Stress als *Umwelt*, als *Auswirkung* oder als *Interaktion* bzw. *Prozess* zwischen diesen Ebenen begriffen wird (Gerlmaier 2002: 90 f. Richter & Hacker 2008: 15). Klassifiziert kann es aber auch danach werden, ob diese drei Begriffe als *wertneutral*, *negativ* oder *positiv* angesehen werden (Gerlmaier 2002: 87).

Stimulus- bzw. reizorientierte Modelle setzen Stress einer Belastung gleich: Als einen beliebigen äußeren Einflussfaktor, der auf den Menschen eine Wirkung ausübt, ohne dabei auf Bewertungs- und Bewältigungsprozesse einzugehen. Negativer Stress wie ein kritisches und einschneidendes Ereignis im Leben wird dabei als ein Stressor bezeichnet (Gerlmaier 2002: 90; Richter & Hacker 2008: 15 f.).

Eine entgegengesetzte Ansicht wird in den *reaktionsorientierten* Konzepten vertreten. Hier steht die Reaktion des Organismus im Mittelpunkt, die unabhängig von den auf sie einwirkenden Faktoren betrachtet wird und die immer in einer gleichen Weise verläuft. In diesem Ansatz entspricht Stress, hier auch als Stressreaktion bezeichnet, einer Beanspruchung, und ein Stressor einer Belastung. Die Grundlagen für diese Annahmen machte Selye, auf den auch die Unterscheidung von „gutem" und „schlechtem" Stress zurückgeht (Gerlmaier 2002: 90; Dragano 2007: 74; Richter & Hacker 2008: 18 f.).

Die letzte Gruppe bilden *transaktionale* Modelle. Sie betrachten Stress als „komplexe und dynamische Interaktions- oder Transaktionsprozesse zwischen den Anforderungen der Situation und dem handelnden Individuum" (Greif 1991: 9). Die transaktionalen Ansätze werden vor allem in der Psychologie bevorzugt. Neben der *subjektiven Bewertung* stehen *Situationskontrolle* sowie

Bewältigungsfähigkeiten im Mittelpunkt (Greif 1991: 8 f.; Gerlmaier 2002: 91; Richter & Hacker 2008: 20; Ducki 2000: 34). Es wird davon ausgegangen, dass ein kontinuierlicher Anpassungsprozess des Individuums an seine Umwelt stattfindet. Nach einer ersten Situationsbewertung, bei der die Person entscheidet, ob ein Stressor vorliegt oder nicht, werden die vorhandenen internen Ressourcen auf ihr Potenzial hinsichtlich der Bewältigungsmöglichkeiten des identifizierten Stressors untersucht. Daraufhin werden potenzielle Bewältigungsstrategien ausgewählt, wobei es zwischen direkten, zielgerichteten Problemlösungen sowie kurzfristigen Entlastungsstrategien differenziert wird. War die Bewältigungsmethode erfolgreich, werden interne Ressourcen neu bewertet. Ist die Bewältigungsstrategie misslungen, kommt es zu einer Stressreaktion bzw. Stress (Richter & Hacker: 20 f.; Gerlmaier 2002: 92; Latocha 2015: 31; Greif 1991: 9 f.).

Daraus entstand der Vorschlag von Greif durch den Einbezug von weiteren Dimensionen wie Intensität und Dauer, Stress wie folgt zu definieren:

> Als ein „subjektiv intensiv unangenehmer Spannungszustand, der aus der Befürchtung entsteht, daß [sic] eine - stark aversive, - subjektiv zeitlich nahe (oder bereits eingetretene) und - subjektiv lang andauernde Situation sehr wahrscheinlich nicht vollständig kontrollierbar ist, deren Vermeidung aber subjektiv wichtig erscheint" (Greif 1991:13).

Aus diesen derart unterschiedlichen Definitionen ergibt sich ein Problem. Um analysieren zu können, ob ein Zusammenhang zwischen Autonomie und arbeitsbedingtem Stress besteht, müssen Pro- und Kontraargumente betrachtet werden. Dafür scheint es sinnvoll, sich mehrere Modelle anzuschauen. Die meisten Modelle arbeiten jedoch mit den Begriffen aus der Belastungsforschung oder definieren die Stress-Begriffe unterschiedlich, wie bereits gezeigt. Das erschwert eine Vergleichbarkeit. Die Lösung müsste nun darin bestehen, den „kleinsten gemeinsamen Nenner" zu finden, was jedoch nur die Annahme darstellt, dass zwei Dimensionen existieren: ein *Auslöser*

(Umwelt) und eine *Auswirkung* (Person) (Greif 1991: 6; Dragano 2007: 70).

Aus diesem Grund wird Stress in das Belastungs-Beanspruchungs-Konzept integriert. Demnach ist Stress neben Monotonie, psychischer Ermüdung und psychischer Sättigung einer von vier möglichen Fehlbeanspruchungsreaktionen auf eine Fehlbelastung (Rodow 2014: 90; Poppelreuter & Mierke 2008: 17 f.; Greif 1991 6 f.; Gerlmaier 2002: 84). Das bedeutet, dass Stress nicht die einzig denkbare kurzfristige Fehlbeanspruchung darstellt. Was unterscheidet Stress von den anderen drei Reaktionen? Die kennzeichnenden Stresseigenschaften sind das *Wahrnehmen einer Bedrohung* und der *Mangel* an oder das Fehlen von *Kontrolle*, das mit einer *Anspannung* bzw. einer erhöhten Aktivierung des Organismus einhergeht und sich in Form von Angst, Nervosität, Aggressivität oder Wut äußert (Rudow 2014: 90; Greif 1991: 13; Dragano 2007: 74; Richter & Hacker 2008: 123 f.; Oppolzer 2010: 16).

Daraus wird für diese Arbeit die folgende Stressdefinition abgeleitet:

> Stress ist ein als unangenehm empfundener **kurzfristiger Spannungszustand,** der dann entsteht, wenn ein Individuum einen potenziellen Stressor als **bedrohlich** und als **nicht vollständig kontrollierbar** bewertetet. Dieser ist einer der vier möglichen negativen Zustände, die nach einer Fehlbelastung auftreten können und geht im Unterschied zu diesen mit unangenehmen Empfindungen wie Angst und Nervosität einher.

Theoretische Grundlagen

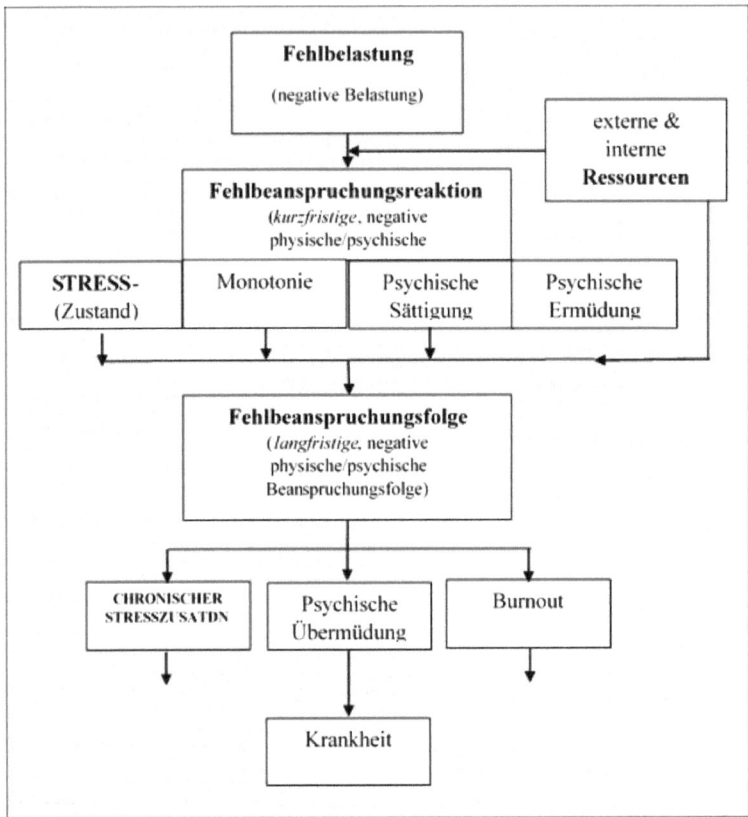

Eigene Darstellung

5.5.1 Stressoren

Wird Stress als eine mögliche, jedoch nicht als einzige Auswirkung auf eine Fehlbelastung verstanden, so kann ein Stressor als ein potenzieller Einflussfaktor bezeichnet werden, der ausschließlich zu einem kurzfristigen Stresszustand führen kann. Gemeint ist damit, dass ein Stressor beispielsweise keine Monotonie auslösen kann, obwohl diese ebenfalls eine Fehlbeanspruchungsreaktion darstellt. Aber Stressoren haben eine Besonderheit: Sie umfassen im Unterschied zu Belastungen nicht nur äußere, sondern auch innerpsychische Einflüsse (Stimuli), wie zum Beispiel Schmerzen (Plaumann et al. 2006: 5; Greif 1991: 13). Aus diesem Grund werden im Folgenden Fehlbelastungen, die Stress verursachen, als äußere bzw. externe Stressoren bezeichnet.

Zu *externen Stressoren* werden alle Faktoren aus der Umwelt gezählt, die physikalischer, chemischer und sozialer Art sein können. *Interne Stressoren* sind innere kognitive, emotionale und physiologische Vorgänge im Individuum, die als bedrohlich und nicht vollständig kontrollierbar empfunden werden. Wie beispielsweise Schmerzen oder Minderwertigkeitsgefühle. Diese treten unabhängig von der aktuellen äußeren Situation auf. Jedoch ist es problematisch, interne Stressoren von einer möglichen Stressfolge abzugrenzen, da Schmerz zum Beispiel auch die Folge von einem Stresszustand sein kann (Plaumann et al. 2006: 7; Greif 1991: 7).

In der Arbeitswelt existiert eine Vielzahl von potenziellen äußeren Stressoren, die unterschiedlich klassifiziert werden können. Oft nehmen Autoren eine Unterteilung in *soziale Beziehungen* (Mobbing, Mangel an sozialer Unterstützung), *Arbeitsorganisation* (Zeitdruck, Nacht- und Schichtarbeit, Unterbrechungen, hohe Anforderungen), *Arbeitsinhalt* (zu hohe Verantwortung, unklare Vorgaben, zu geringe oder zu große Spielräume) sowie *Umgebung* vor (Hitze, Kälte, Lärm, chemische Stoffe, körperliche Anstrengung) (Metz & Rothe 2017: 8 f.; Plaumann et al. 2006: 132 f.; Ducki 2006: 142). In der

Erwerbsarbeit können auch innere Stressoren wie zum Beispiel Perfektionismus, mangelnde Berufserfahrung oder geringes Selbstwertgefühl in Erscheinung treten, die unabhängig von der Arbeit in der Person bereits existierten (Richter & Hacker 2008: 17). Die Problematik der Differenzierung zwischen potenziellen internen Stressoren in der Arbeit und Stressfolgen tritt auch hier zum Vorschein. Zum Beispiel, ob der Erwerbstätige unabhängig von seiner Arbeit ein geringes Selbstwertgefühl hat und dieses als innerer Stressor bei der Arbeit zum Stress führt oder ob es die äußeren Umstände in der Arbeit sind, wie beispielsweise Mobbing, die ein mangelndes Selbstwertgefühl verursachen. In diesem Fall wäre Mobbing ein äußerer Stressor, der einen Stresszustand erzeugt.

Hervorzuheben ist, dass alle diese Faktoren auch eine andere Art von Fehlbeanspruchungen auslösen können. Ob diese letztendlich „die Qualität potenzieller Stressoren annehmen können" (Richter & Hacker 2008: 17), hängt von der subjektiven Wahrnehmung und Bewertung des Erwerbstätigen ab. Stressoren und Ressourcen stehen also in einer sehr engen Verbindung zueinander.

5.5.2 Von Stress zur Krankheit

Stress als ein kurzfristiger Zustand führt nicht zwangsläufig zu gesundheitlichen Beeinträchtigungen und Krankheiten. Auf der physiologischen Ebene löst ein Stressor körperliche Vorgänge und seelische Reaktionen im Organismus aus, die sich in Form von körperlichen Symptomen äußern (Neuner 2016: 7; Dragano 2007: 70). Durch das Einleiten dieser Veränderungen im Körper soll er auf eine Notsituation vorbereitet werden. Somit kommt es unter anderem zum steigenden Puls und Blutdruck, zur Anspannung der Muskulatur sowie zu verminderten Funktionen des Magen-Darm-Traktes und des Immunsystems (Neuner 2016: 7). Vereinfacht dargestellt bewältigt der Organismus im Normalfall den Stress nach einer bestimmten Zeit und kehrt zu seinem Normalzustand zurück, was zu Erholung führt und keine gesundheitlichen Probleme verursacht. Problematisch wird Stress erst in den Fällen, wenn dieser über einen längeren Zeitraum anhält oder wenn er ein einschlägiges Ereignis wie beispielsweise Krieg darstellt. Wenn die Bewältigungsmechanismen des Organismus überfordert werden, wird das Eintreten des Normalzustandes verhindert. Der Mensch befindet sich in einer kontinuierlichen Abwehrphase und nach einer gewissen Zeit tritt ein Verlust der Fähigkeit zur Selbstregulation ein, sodass selbst in Phasen ohne Stressoren kein normales Befindlichkeitsniveau erreicht werden kann. Dies führt zu chronischem Stress (Dragano 2007: 70 ff.; Neuner 2016: 7 f.; Allensbach & Brechbühler 2005: 85).

Tatsächlich ist dieser Prozess viel komplexer, was vor allem anhand der transaktionalen Modelle deutlich wird. Die Reaktion eines Organismus auf einen Stressor kann sehr unterschiedlich ausfallen: Er zeigt auf unterschiedliche Stressoren verschiedene Reaktion und nicht jeder Stresszustand löst automatisch negative gesundheitliche Folgen aus. Auf welche Art und Weise Stress verläuft und wie lange er anhält, hängt, wie bereits geschrieben, erheblich vom Stressor und seiner Bewältigung ab (Dragano 2007: 70 ff.). Doch in dem Fall, wenn Stresszustände zu alltäglichem Stressgeschehen werden, ist mit kurzfristigen oder andauernden Folgen zu rechnen. Das ist auch der Grund dafür, warum Stress als ein „Mittlerkonzept zwischen Gesundheit und Krankheit verstanden [wird]" (Schröder 2002: 6).

Kurzfristige Stressfolgen äußern sich in Form von gesteigerten Unfallrisiken und abnehmenden Leistungen aufgrund von verringerter Konzentration, beeinträchtigtem Wohlbefinden (Schlafstörungen, Gereiztheit) sowie im kritischen Gesundheitsverhalten der Person. Der Betroffene neigt dazu, sich weniger zu bewegen, ein ungesundes Ernährungsverhalten zu praktizieren sowie übermäßigem Konsum von Rauschmitteln und Medikamenten zu verfallen (Oppolzer 2010: 16; Greif 1991: 25; Plaumann et al. 2006: 7; Allensbach & Brechbühler 2005: 85).

Abgesehen davon, dass derartiges Gesundheitsverhalten bereits indirekt große Risiken für Krankheitsentstehung birgt, kann chronischer Stress auch unmittelbar zahlreiche Erkrankungen verursachen, was mittlerweile als bewiesen gilt (Greif 1991: 3; Dragano 2007: 14; Allenspach & Brechbühler 2005: 14; Schröder 2002: 6; Rudow 2014: 85). Zu den langfristigen Stressfolgen gehören *physische, psychische,* aber auch *psychosomatische* Krankheiten.

Es ist nachgewiesen, dass es vor allem einen direkten Zusammenhang zwischen chronischem Stress und Krankheiten des Herz-Kreislauf-Systems gibt. Aber auch andere gesundheitliche Probleme wie Diabetes, geschwächtes Immunsystem und Magen-Darm-Erkrankungen werden mit chronischem Stress in Verbindung gebracht (Rudow 2014: 113; Dragano 2007: 73; Metz & Rothe 2017: 15 f.). Darüber hinaus ist die Psyche stark betroffen. Es können sich Angststörungen, Depressionen, Schizophrenie und andere psychische Störungen entwickeln. Der innere Antrieb und die „Entwicklung neuer Bewältigungsstrategien" (Greif 1991: 25) können sich verringern. Schlafstörungen, Asthma und Kopfschmerzen sind nur einige Erkrankungen, die durch die Psychosomatik hervorgebracht werden können (Rudow 2014: 105 f.; Rudow 2014: 113; Richter & Hacker 2008: 128; Plaumann et al. 2006: 7 f.).

Nicht zuletzt kann langanhaltender Stress infolge verminderter Regenerationsfähigkeit und eventuell aufgrund geringer Behandlungsbereitschaft des Individuums den Verlauf, die Dauer und den Grad bereits vorhandener Krankheiten beeinflussen (Allensbach & Brechbühler 2005: 85).

Schließlich sind Probleme im sozialen Umgang möglich, die durch beeinträchtigende soziale Kompetenzen entstehen, was zu Isolation führen kann (Greif 1991: 25).

6 Autonomie in der Arbeit und arbeitsbedingter Stress

Es wurde bereits gesagt, dass in dem klassischen Belastungs-Beanspruchungs-Konzept unter anderem internen Ressourcen eine wichtige Rolle dabei zugeschrieben wird, ob eine Fehlbeanspruchung ausgelöst wird oder nicht. Auch viele andere Ansätze aus der Belastungs- und Stressforschung und vor allem neuere Modelle messen Ressourcen einen großen Stellenwert im Zusammenhang zwischen Fehlbelastungen und Fehlbeanspruchungsreaktionen bzw. Stressoren und Stresszuständen bei. Ebenfalls wurde darauf hingewiesen, dass Autonomie eine der äußeren Ressourcen in der Arbeit darstellt und neben sozialen Beziehungen als einer der bedeutendsten Schutzfaktoren gilt.

Autonomie kann, genauso wie andere Ressourcen, einen unterschiedlichen Einfluss auf den Zusammenhang zwischen Stressoren und Stress haben. Aus diesem Grund wird sie auch als eine *Drittvariable* betrachtet. Es wird danach differenziert, ob sie sich *direkt* oder *indirekt* auf die Beziehung zwischen diesen beiden Variablen auswirkt (Gerlmaier 2002: 236 f.).

Die erste mögliche Wirkungsweise meint eine unmittelbare *Reduktion* von Stressoren, die meist langfristig ausgelegt ist. Dazu zählen Maßnahmen wie etwa ein Bürowechsel oder die Durchsetzung von Lärmschutzmaßnahmen (Frese & Semmer 1991: 136; Greif 1991: 17).

Indirekt kann Autonomie zu einer „*Veränderung des ‚Streß-Charakters' von Stressoren*" (Frese & Semmer 1991: 136) beitragen. So kann sie eine puffernde Funktion erfüllen (*Moderator*), indem sie auf die Beziehung zwischen Stressoren und Stress einen kurzfristigen Einfluss ausübt. Beispielsweise kann der Erwerbstätige die Auswirkung von Stressoren durch das Einlegen einer Pause mildern (Greif 1991: 17 f.; Frese & Semmer 1991: 136 f.; Gerlmaier 2002: 236 f.). Autonomie kann auch als eine Art „Brücken-Ressource" (*Mediator*) auf das Verhältnis zwischen Stressoren und Stress einwirken. In diesem Fall verändert zum Beispiel ein großer Spielraum in Bezug auf

Reihenfolge der Aufgabenbearbeitung die Stärke eines Stressors (Gerlmaier 2002: 237; Greif 1991: 17). Bei der dritten Wirkungsart handelt es sich um eine *subjektive Wahrnehmungs- und Bewertungsänderung*. Das trifft beispielsweise dann zu, wenn der Erwerbstätige lediglich über das Wissen verfügt, ausreichend Autonomie zu haben, um sie bei Bedarf in Anspruch nehmen zu können (Frese & Semmer: 1991: 137; Gerlmaier 2002: 118).

Doch hat Autonomie nicht nur schützende Eigenschaften. Sind die Spielräume in der Arbeit kaum bzw. gar nicht vorhanden (Semmer & Dunckel 1991: 73) oder sind sie sehr groß, können sie selbst zu potenziellen Stressoren werden (Gerlmaier 2002: 126).

In diesem Zusammenhang ist die Differenzierung von Eichhorst et al. (2016: 12) in *organisatorische* und *inhaltliche* Autonomie von Interesse. Sie gehen davon aus, dass lediglich inhaltliche Autonomie, die sie als Mitunternehmertum bezeichnen, das Potenzial eines Stressors annehmen kann. Unter organisatorischer Autonomie verstehen sie Entscheidungsspielräume in Bezug auf selbstbestimmte Arbeitsplanung und -einteilung, Pausen sowie Einfluss auf ihre Arbeitsmenge. Organisatorische Autonomie übt eine puffernde Funktion aus und ermöglicht es dem Erwerbstätigen, sich den potenziellen Stressoren zumindest kurzfristig zu entziehen (Eichhorst et al. 2016: 11 f.). Dagegen verfügt der Erwerbstätige dann über inhaltliche Autonomie, wenn er seine Arbeitsschwierigkeiten selbstständig bewältigt, eigenständige Entscheidungen trifft, seinen Wissensbestand selbstständig an seine Arbeitsanforderungen anpasst, Verantwortung für andere übernimmt, einen Überblick über parallele Arbeitsabläufe hat sowie über Kommunikationskompetenzen verfügt (Eichhorst et al. 2016: 10 f.). Hierbei ist zwar Flexibilität mit erweiterten Mitsprachemöglichkeiten und großen Weiterentwicklungspotenzialen gegeben, jedoch können mit diesen Freiräumen eine zu hohe Verantwortung sowie unklare Ziel- und Ausführungsvorgaben einhergehen. Dem Erwerbstätigen sind keine festen Strukturen vorgegeben und er muss für seine Entscheidungen die Verantwortung selbst tragen (Korunka & Kubicek 2013: 26). Das kann eine Überlastung darstellen und Stresszustände hervorrufen, da die Gefahr bestehen könnte, dass der Erwerbstätige sich selbst in seinen Spielräumen einschränkt und sich überfordert, um das Ergebnis zu erreichen. Dieses Risiko ist vor allem dann am höchsten, wenn der Erwerbstätige über wenige andere Ressourcen verfügt, unter anderem über wenig organisatorische Autonomie (Eichhorst et al. 2016: 12).

Somit kann schon an dieser Stelle der Schluss gezogen werden, dass unter der Bezugnahme auf Modelle der Belastungs- und Stressforschung, die externe Ressourcen und damit Autonomie in ihre Modelle miteinbeziehen, von einem Zusammenhang zwischen Autonomie in der Arbeit und arbeitsbedingtem Stress ausgegangen werden kann. Weiterhin kann angenommen werden, dass Autonomie sowohl einen schützenden als auch einen „stressenden" Effekt haben kann. Denn nach Eichhorst et al. wirkt organisatorische Autonomie als ein Puffer und inhaltliche Autonomie als ein potenzieller äußerer Stressor.

Es gibt zwar keine Modelle, die den Sachverhalt, dass Stress im Zusammenhang mit Autonomie keine Rolle spielt, explizit widerlegen. Jedoch wurden hier bereits Ansätze erwähnt, die von anderen Mechanismen bei der Stressentstehung ausgehen oder nur interne Ressourcen beinhalten, wie das Belastungs-Beanspruchungs-Modell, das Autonomie als eine äußere Ressource ausblendet. Dazu gehören ebenfalls *Stimulus- und Reaktionstheorien*, die ein einseitiges Ursache-Wirkungs-Verhältnis voraussetzen. Wird das Fehlen von Autonomie jedoch als ein potenzieller Stressor betrachtet oder als eine mögliche Fehlbelastung, so könnte Autonomie prinzipiell in jedem Modell wiedergefunden werden, das Stressoren bzw. Fehlbelastungen enthält, da Autonomie die Qualität eines Stressors annehmen kann. Abgesehen davon werden diese Modelle aufgrund der einseitigen Fokussierung auf eine der Ebenen und der unpräzisen

Bestimmung von dem kausalen Zusammenhang zwischen diesen Dimensionen kritisiert (Richter & Hacker 2008: 19).

6.1 Modelle zum Zusammenhang

Nun werden einige Modelle genauer vorgestellt, die von einem Zusammenhang zwischen Autonomie und arbeitsbedingtem Stress ausgehen. Zunächst wird auf das Anforderungs-Kontroll-Modell und das Modell der beruflichen Gratifikationskrisen einzeln eingegangen, bevor im Anschluss ein Überblick über einige weitere Konzepte gegeben wird.

6.1.1 Das Anforderungs-Kontroll-Modell

Das *Anforderungs-Kontroll-Modell* (Job Demand-Controll-Modell/JDC) von Karasek und Theorell, das als eines der populärsten Modelle aus der Belastungsforschung betrachtet wird, konzentriert sich auf zwei Dimensionen in der Arbeit (Metz & Rothe 2017:17; Dragano 2007: 77; Latocha 2015: 33; Han et al. 2018: 497; O'Donnell et al. 2015: 25; Rudow 2014: 153).

Die Meinungen der Autoren, die sich auf dieses Modell in ihren Arbeiten beziehen, unterscheiden sich jedoch in Bezug auf eine der Dimensionen. Dass die erste Dimension *Anforderungen* (job demands) darstellt, wird in der wissenschaftlichen Literatur übereinstimmend angegeben, wobei sich diese Anforderungen auf Intensität, Komplexität und Schwierigkeit beziehen (Rudow 2014: 153; Metz & Rothe 2017: 17).

Bei der zweiten Dimension gibt es in Bezug auf die Modell-Interpretation Unstimmigkeiten. Ähnlich wie bei dem grundsätzlichen Problem der Abgrenzung zwischen Autonomie und Kontrolle, tritt in diesem Modell die gleiche Schwierigkeit auf. Auf der einen Seite wird von Kontrolle gesprochen, die meist mit „job autonomy" gleichgesetzt wird (Dhondt 1997: 2). In der anderen Literatur wird der Kontroll-Begriff in Autonomie sowie Lern- und Entwicklungsmöglichkeiten zerlegt (Han et al. 2018: 497; Metz & Rothe 2017: 17; Dragano 2007: 77) und als eine Unterkomponente bezeichnet (O'Donnell et al. 2015: 25). Schließlich wird nur die Bezeichnung Handlungs- und Entscheidungsspielraum (decision latitude) verwendet (Gerlmaier 2002: 236; Rudow 2014: 153).

Da Autonomie die Wahrnehmung von Kontrolle voraussetzt und Lern- und Entwicklungsmöglichkeiten eng mit hohem Entscheidungsspielraum zusammenhängen (Ducki 2000: 48 f.), wird dieses Modell trotz der unterschiedlichen Begriffsverwendungen zur Untersuchung des Zusammenhangs zwischen Autonomie und arbeitsbedingten Stress verwendet.

Das Anforderungs-Kontroll-Modell geht davon aus, dass hohe psychische Anforderungen und somit auch potenzielle Stressoren in der Arbeit durch das Vorhandensein von hoher Kontrolle (Autonomie) kompensiert werden können. So würde die Wahrscheinlichkeit sinken, Fehlbeanspruchungen und damit auch Stresszustände zu erleben. Umgekehrt würde das Risiko für das Erleben von Stress anwachsen, wenn bei hohen wahrgenommenen Stressoren weniger Kontrolle (Autonomie) vorhanden ist (Gerlmaier 2002: 96; Dragano 2007: 77).

Karasek und Theorell entwickelten vier Idealtypen. Sie unterscheiden zwischen einer *aktiven Tätigkeit*, die sich durch hohe Arbeitsanforderungen bei gleichzeitig hoher Kontrolle (Autonomie) auszeichnet, wobei in diesem Fall eine relativ geringe Fehlbeanspruchung (Stress) vorliegt. Verfügt der Erwerbstätige jedoch über wenig Kontrolle (Autonomie) in seiner Arbeit, ist aber hohen Arbeitsanforderungen (Stressoren) ausgesetzt, so liegt ein hohes Stressrisiko vor, was als eine *stressige Tätigkeit* begriffen wird. Zwischen diesen beiden Extremen befinden sich *ruhige Tätigkeiten*, bei den Erwerbstätige über viel Kontrolle (Autonomie) verfügen, aber geringen Arbeitsanforderungen ausgesetzt sind sowie *passive Tätigkeiten*, in denen weder hohe Kontrolle (Autonomie) noch hohe Arbeitsanforderungen existieren (Metz & Rothe 2017: 17; Latocha 2015: 33; Rudow 2014: 153;

Dragano 2007: 77). Die folgende Darstellung veranschaulicht das Verhältnis der beiden Dimensionen.

Die für diese Arbeit abgeleitete Kernaussage besteht also darin, dass Autonomie Stressoren ausgleichen kann.

Laut Pröll (2003: 35) postulieren die Konzepte der modernen Gesundheitswissenschaften, dass Autonomie als einzelne Ressource zur Bewältigung von Stressoren in der postfordistischen Arbeitswelt nicht mehr ausreicht. Es würden dabei eine Vielzahl anderer externer und interner Ressourcen eine tragende Bedeutung haben, um mit psychischen Fehlbelastungen und damit Stressoren aus der Erwerbsarbeit erfolgreich fertig zu werden, so dass Stress möglichst vermieden oder zumindest reduziert werden kann. Doch schließt er den Zusammenhang zwischen Autonomie und Stress in der Arbeit nicht aus, sondern verweist lediglich darauf, dass weitere Ressourcen wie Vollständigkeit von Aufgaben, soziale Unterstützung, Gratifikationen, persönliche Kompetenzen usw. in die Analyse einfließen müssen. Das ist auch der Grund, warum das Anforderungs-Kontroll-Modell um die externe Ressource soziale Unterstützung ergänzt wurde (Gerlmaier 2002: 97; Neuner 2016: 13). Die Beziehung zwischen Autonomie und arbeitsbedingtem Stress bleibt trotz dieser Ergänzung grundsätzlich bestehen.

6.1.2 Modell der beruflichen Gratifikationskrisen

Ein etwas anderer Wirkmechanismus findet sich im *Modell der beruflichen Gratifikationskrisen* von Siegrist. Es besagt, dass arbeitsbedingter Stress durch ein Ungleichgewicht zwischen Aufwand und Gratifikationen entsteht. Unter Gratifikationen werden sowohl materielle (Gehalt) als auch immaterielle (Wertschätzung, Arbeitsplatzsicherheit, Autonomie) Belohnungen verstanden (Metz & Rothe 2017: 18; Neuner 2016: 14). Diese Betrachtungsweise beruht auf dem fundamentalen Gedanken, dass zwischenmenschliche Beziehungen auf dem Prinzip der Reziprozität beruhen, was den Blickwinkel von individuellen Vorgängen im Organismus auf eine soziologische Betrachtungsweise lenkt (Dragano 2007: 77 f.). Wird das Gegenseitigkeitsprinzip verletzt, ist die Verausgabung des Erwerbstätigen also größer als die erhaltenen Gratifikationen, entsteht eine *Gratifikationskrise*. Dabei ist es nicht wichtig, ob die Belohnungen gering sind oder ob sich die Person so sehr verausgabt, dass trotz relativ hoher Belohnungen ein Ungleichgewicht entsteht (Metz & Rothe 2017: 18 f.).

Autonomie wird im Sinne dieses Modells also einerseits als eine mögliche Belohnungsform verstanden (Peters 2011: 114). Auf der anderen Seite kann sich gering vorhandene Autonomie in der Arbeit in eine Verausgabung wandeln. Bei gleichzeitig anderen niedrigen Belohnungen führt dies zum Ungleichgewicht und somit zu Stress (Ducki 2006: 145; Neuner 2016: 14 f.; Metz & Rothe 2017: 18; Dragano 2007: 80). Autonomie stellt in diesem Kontext nicht nur eine von vielen Gratifikationen zur Aufrechterhaltung vom Gleichgewicht zwischen Verausgabung und Belohnung dar, sondern wird laut Nauta et al. (2010: 161) in westlichen Ländern als ein Statussymbol betrachtet.

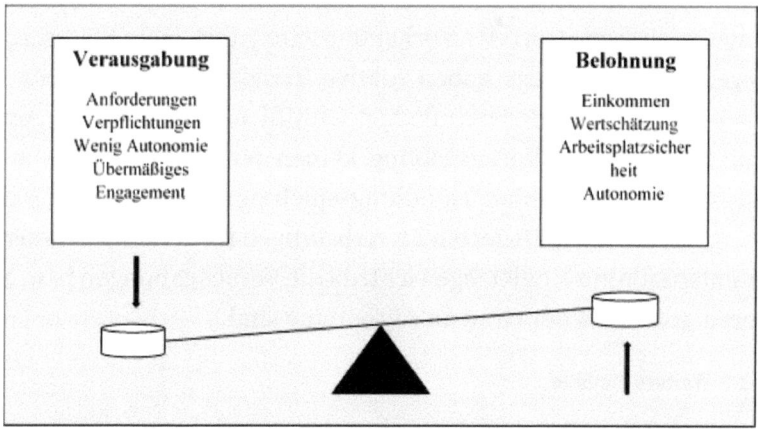

Eigene Darstellung

Diesen Modellen zufolge müsste sich die Beziehung zwischen Autonomie und arbeitsbedingtem Stress auch im Grad der *beruflichen Qualifikation* und der *Beschäftigungsform* widerspiegeln. Demnach wären gering qualifizierte Erwerbstätige in einem Normalarbeitsverhältnis mehr gestresst als hochqualifizierte Wissensarbeiter, da sie über geringe Handlungsspielräume verfügen und oft hohen Anforderungen ausgesetzt (stressige Tätigkeit) sind (Galais et al. 2012: 117). Somit fehlt ihnen eine der wichtigen Ressourcen bei der Vermeidung oder Reduktion von Stress und sie sind unmittelbar dem negativen Einfluss von Stressoren ausgesetzt. Außerdem wird durch gering ausgeprägte Spielräume ein Ungleichgewicht zwischen Verausgabung und Gratifikation erzeugt, sodass das grundlegende menschliche Bedürfnis nach Reziprozität verletzt wird. Dagegen wäre bei den flexibel Beschäftigten eine andere Kombination von Autonomie und Stressoren zu beobachten. So würden sie „weniger anspruchsvolle Tätigkeiten ausüben und geringere Autonomie über die Ausführung ihrer Arbeitstätigkeit aufweisen als Festangestellte" (Vahle-Hinz & Plachta 2014: 105) (passive Tätigkeit).

Die Hochqualifizierten müssten aufgrund der ausgeprägten Handlungsspielräume trotz des Vorhandenseins zahlreicher Stressoren dagegen weniger Stress haben (aktive Tätigkeit). Andererseits hätte nach dem Modell der beruflichen Gratifikationskrisen viel Autonomie bei zu hoher Verausgabung keinen positiven Einfluss auf die Stressreduktion: Hoher Handlungsspielraum könnte die Verausgabung des hoch qualifizierten Erwerbstätigen nicht kompensieren und es entstünde ein Ungleichgewicht, da die Verausgabungen bzw. Stressoren größer als der Grad an Autonomie sind.

6.1.3 Weitere Modelle

Dass ein Zusammenhang zwischen Autonomie in der Arbeit und arbeitsbedingtem Stress existiert, postuliert auch die *Ressourcen-Erhaltungs-Theorie* (Conservation of Resources theory/COR) von Hobfoll (Halliday et al. 2018: 601), die Ressourcen nicht mehr als

Drittvariablen betrachtet, sondern als unabhängige Variablen mit einer unmittelbaren Auswirkung auf Stress. In diesem Ansatz wird angenommen, dass arbeitsbedingte Stresszustände in den Fällen eintreten, wenn die Gefahr besteht, Ressourcen zu verlieren oder bei ihrem tatsächlichen Verlust. Ressourcen und somit auch Autonomie, wobei sie hier ebenfalls als eine wichtige externe Ressource betrachtet wird, würden nicht nur dabei helfen, die Auswirkungen von arbeitsbedingten Stressoren zu reduzieren, sondern auch viele weitere positive Effekte wie persönlichen Wachstum begünstigen. Unter anderem würde das Fehlen von Autonomie wiederum Stresszustände hervorrufen (Halliday et al. 2018: 601 ff.).

Basierend auf diesem Ansatz entwickelten Holliday et al. (2018: 602 f.) ein Modell, das sich dem Zusammenhang zwischen wahrgenommener Autonomie in der Arbeit auf der einen Seite und Work-Life-Balance, Engagement sowie Umsetzungsabsichten auf der anderen Seite widmet. Dabei wurde Stress als ein Vermittler betrachtet. Unter wahrgenommener Autonomie verstehen sie den wahrgenommenen Freiraum hinsichtlich Arbeitsplanung, Treffen von Entscheidungen und die Methodenauswahl zur Aufgabendurchführung. In ihre Erklärung beziehen sie außerdem die Faktoren *Geschlecht* und *Geschlechtergleichheit* als moderierende Variablen mit ein. Eine ihrer Hypothesen besteht darin, dass wahrgenommene Autonomie und Stress in einem negativen Zusammenhang zu einander stehen, wenn Geschlechtergleichheit besteht. Denn Frauen würden sich oft auf den unteren Hierarchieebenen befinden und „verfügen [...] häufig über weniger Handlungs- und Entscheidungsspielräume als Männer in vergleichbaren Positionen" (Pieck 2008: 218). Daraus folgt, dass von dem stressreduzierenden Autonomie-Effekt in höherem Maße Frauen als Männer profitieren müssten. Laut Holliday et al. (2018: 603) solle dies vor allem auf Frauen aus den Ländern zutreffen, in den traditionelle Geschlechterrollenstereotypen und gering ausgeprägte Gleichberechtigung vorherrschen.

Demnach wäre bei Männern eine schwächere Beziehung zwischen Autonomie und Stress festzustellen.

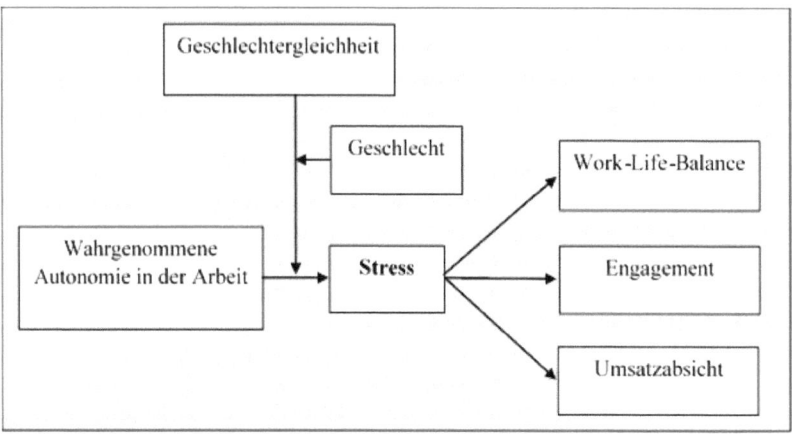

Eigene Darstellung

Laut dem *Job Demands–Resources Model* (JD-R-Modell) von Bakker et al. (2005: 170) besteht zwar ein Zusammenhang zwischen Autonomie und Stress, jedoch bezieht auch dieses Konzept, ähnlich wie die Ressourcen-Erhaltungs-Theorie, weitere Ressourcen mit ein. Außerdem wird angenommen, dass Stresszustände nicht nur von Ressourcen abhängig sind, sondern auch von der Art der Anforderungen. Es ist also ein Zusammenspiel zwischen hohen Anforderungen und begrenzten Ressourcen, die zu Stress führen (Bakker et al 2005: 170 f.).

Auch die *Selbstbestimmungstheorie* von Deci und Ryan (Hüning et al. 2018: 269) und das *Anforderungs-Ressourcen-Modell* von Becker (Gerlmaier 2002: 125), die eine salutogenetische Perspektive einnehmen, bestätigen diesen Zusammenhang. Hier werden zwar unter anderem Autonomie und Wohlbefinden betrachtet, daraus kann jedoch abgeleitet werden, dass bei unzureichendem Wohlbefinden, Stress ausgelöst werden kann. Deci und Ryan sind der Meinung, Autonomie würde neben Kompetenz und sozialer Eingebundenheit eines der menschlichen Grundbedürfnisse in der Arbeit darstellen und ihr Fehlen könnte zu Fehlbeanspruchungen führen und damit auch zu Stress

(Hüning et al. 2018: 269 f.; Hüning et al. 2018: 278; Gerlmaier 2002: 125 f.).

Schließlich kann argumentiert werden, dass das Fehlen von oder der Mangel an Autonomie in gewisser Weise in der Stressdefinition von Greif (1991: 13) inbegriffen sind. Denn ein Stresszustand entsteht unter anderem in dem Fall, wenn eine Situation **„sehr wahrscheinlich nicht vollständig kontrollierbar ist"** (Greif 1991: 13). Für das Erleben von Kontrolle in der Arbeit wird jedoch Autonomie vorausgesetzt, da der Erwerbstätige über Spielräume verfügen muss, um Arbeitssituationen kontrollieren zu können.

Alle diese Überlegungen und die vorgestellten Ansätze bestätigen die aufgestellte Annahme, dass ein Zusammenhang zwischen Autonomie in der Arbeit und arbeitsbedingtem Stress besteht. Ebenfalls zeigen diese Konzepte, dass ein angemessener Grad an Autonomie dazu in der Lage ist, die negative Auswirkung von äußeren Stressoren zu mildern. Mangelnde bzw. fehlende Arbeitsautonomie oder eine zu hohe Autonomie können wiederum selbst eine Ursache für Stress darstellen. Darüber hinaus muss festgehalten werden, dass neben Autonomie auch weitere Ressourcen eine wichtige Rolle im Stressgeschehen spielen.

Daraus werden folgende *Hypothesen* abgeleitet, die im nächsten Kapitel anhand empirischer Studien einer Prüfung unterzogen werden:

- Es liegt ein Zusammenhang zwischen Autonomie und arbeitsbedingtem Stress vor.

- Liegt Autonomie als eine Ressource vor (in angemessenem Grad), hat sie einen moderierenden Effekt auf den Zusammenhang zwischen Stressoren und Stress.

- Liegt Autonomie als ein potenzieller Stressor vor (zu wenig oder zu viel), besteht ein positiver Zusammenhang zwischen ihr und Stress.

7 Empirische Befunde zum Zusammenhang

Dieses Kapitel widmet sich der Überprüfung der aufgestellten Hypothesen, die aus zahlreichen theoretischen Modellen abgeleitet wurden.

Es existieren zahlreiche Studien, die „die Schutzfunktion von Autonomie vor emotionaler Belastung der Beschäftigten" (Hüning et al. 2018: 276) belegen und damit auch vor äußeren Stressoren. Vor allem das Modell von Karasek und Theorell sowie das Modell der beruflichen Gratifikationskrisen von Siegrist sind empirisch gut bestätigt (Metz & Rothe 2017: 19; Lenhardt 2001: 55).

Laut Wanek (2013: 110) liegen zwei Metaanalysen von Studien vor, die sich der Überprüfung der beiden Modelle widmeten. Es ging aber in erster Linie nicht um Stress, sondern um psychische Störungen. Aus der Metaanalyse von Stansfeld und Candy (2006: 443), die 11 Studien aus den Jahren 1994 bis 2005 umfasst, geht hervor, dass Entscheidungsspielräume, neben sozialer Unterstützung, eine moderierende Funktion zwischen psychosozialen Stressoren in der Arbeit und psychischen Störungen haben. Es konnte gezeigt werden, dass das Risiko für psychische Erkrankungen, die durch Stress verursacht werden können, beinahe doppelt so hoch ist, wenn zusätzlich zu hohen psychischen Anforderungen geringer Entscheidungsspielraum dazu kommt (Wanek 2013: 110). Auch anhand der Ergebnisse der Metaanalyse von Bonde (2008: 440) konnten die Annahmen der beiden Modelle bestätigt werden. Jedoch ist der Zusammenhang zwischen der Kombination „hohe Anforderungen und geringer Entscheidungsspielraum" und psychischen Störungen eher bei Männern zu beobachten (Bonde 2008: 438).

Zu ähnlichen Ergebnissen kommen Han et al. (2018: 490), die die Daten des Korea National Health and Nutrition Examination Serveys analysierten, welche auf den Interviews von 2.055 Service- und Vertriebsmitarbeitern beruhten und die zwischen 2007 und 2009 erhoben wurden. Autonomie wurde hier mit der Frage erhoben, ob der

Erwerbstätige die Macht besitzt, Entscheidungen zu treffen und diese auch einsetzten zu können (Han et al. 2018: 491). Anhand dieser Analyse konnte Folgendes gezeigt werden: „Emotional labor and job autonomy showed interactive effects on depressive mood in that high emotional labor was associated with depressive mood only in the presence of low job autonomy in male workers" (Han et al. 2018: 490).

Die Grundannahme des Anforderungs-Kontroll-Modells bestätigten auch Eichhorst et al. (2016: 15) anhand der Datenanalyse der BIBB/BAuA-Erwerbstätigenbefragung, die in Deutschland in den Jahren 2006 und 2012 durchgeführt wurde (Eichhorst et al. 2016: 10). Es zeigte sich ein positiver Zusammenhang zwischen hoher Autonomie und geringeren Fehltagen, die mit Stress assoziiert werden. Sie weisen jedoch darauf hin, dass zwischen inhaltlicher und organisatorischer Autonomie unterschieden werden muss und stellen fest, „dass sich ein hohes Maß an inhaltlicher Autonomie in Verbindung mit hohen Anforderungen bzw. geringen Ressourcen am Arbeitsplatz eher nachteilig auf die psychische Gesundheit der Betroffenen auswirken können" (Eichhorst et al. 2016: 15).

Gerlmaier und Kastner (2003: 227) kamen mit ihrer Untersuchung von insgesamt 224 IT-Fachleuten, die sich einer schriftlichen Befragung unterzogen, zu dem Schluss, dass das Anforderungs-Kontroll-Modell nicht bestätigt werden kann. Sie fanden heraus, dass der Handlungsspielraum bei Intrapreneuren und Administratoren über keine moderierende Wirkung auf die Beziehung zwischen Stressoren und Stress verfügt. Sie konstatierten lediglich, dass sich der Handlungsspielraum positiv auf die Zufriedenheit dieser beiden Gruppen auswirkt (Gerlmaier & Kastner 2003: 238 f.).

Die Untersuchung von Frese und Semmer (1991: 135 f.) widmete sich dem Einfluss von Handlungsspielraum und sozialer Unterstützung auf den Zusammenhang zwischen Stressoren und Stress. Sie nutzen die Daten des Forschungsprojektes, das von Greif geleitet und im

Zeitraum von 1977 bis 1983 durchgeführt wurde (Udris et al. 1991: 46). Mit Hilfe ihrer Analyse konnten sie zeigen, dass der Handlungsspielraum die Beziehung zwischen Stressoren und Stress beeinflusst. Aber auch sie fanden heraus, dass sich die soziale Unterstützung ebenfalls auf den Zusammenhang auswirkt, wobei diese sogar einen deutlicheren Effekt als Handlungsspielraum ausübt (Frese & Semmer 1991: 153).

Das Modell von Holliday et al. (2018: 601), das auf den theoretischen Überlegungen von der Ressourcen-Erhaltungs-Theorie beruht und auf welches im vorherigen Kapitel eingegangen wurde, fand ebenfalls empirische Bestätigung. Als Grundlage dienten dabei die Daten der internationalen WorkTrends Studie aus dem Jahr 2012, der eine Stichprobe von 23.439 Arbeitskräften aus 26 Länder zugrunde lag (Holliday et al. 2018: 604). Die Autoren fanden einen signifikanten direkten Zusammenhang zwischen wahrgenommener Autonomie und arbeitsbedingtem Stress in Abhängigkeit vom Geschlecht und dem Gleichberechtigungsgrad im jeweiligen Land. Ihre Hypothese, dass dieser Zusammenhang eher bei Frauen vorzufinden ist, bestätigte sich (Holliday et al. 2018: 607).

Die Untersuchung von Pangert und Schüpbach (2011: 71) konzentrierte sich auf den Zusammenhang zwischen Stressoren, Ressourcen und gesundheitlichen Folgen bei Führungskräften der unteren und mittleren Hierarchieebene. Als eine der Ressourcen bezogen sie den Tätigkeitsspielraum mit ein, der sich aus Handlungs-, Entscheidungs- und Gestaltungsspierlaum zusammensetzte (Pangert & Schüpbach 2011: 76). Die Analyse basierte auf Antworten von 221 Führungskräften, die mit Hilfe eines standardisierten Fragebogens im Rahmen des PARGEMA-Projekts erhoben wurden (Pangert & Schüpbach 2011: 72). Ihre Ergebnisse zeigten, dass bei Führungskräften der direkte Zusammenhang zwischen Tätigkeitsspielraum und Beeinträchtigungen des Wohlbefindens eine eher nebensächliche Rolle spielt, wobei unter Hinzunahme von sozialer Unterstützung und Stressoren gar kein Zusammenhang mehr bestand. Außerdem konnten sie keinen moderierenden Effekt vom Tätigkeitsspielraum auf die Beziehung zwischen Stressoren und Stress belegen. Sie weisen jedoch darauf hin, dass Tätigkeitsspielräume nicht nur vorhanden, sondern auch in Anspruch genommen werden müssen (Pangert & Schüpbach 2011: 77 f.).

Bödeker konnte mit seiner Studie bestätigen, dass „insbesondere der Faktor 'geringer Handlungsspielraum' [...] sich als erhebliches Risiko für ein vorzeitiges Ausscheiden aus dem Arbeitsleben herauskristallisiert [hat]" (Bödeker 2008: 106). Dabei bezog er sich auf Daten einer Sozialversicherung und betrachtete 27.000 Fälle, die im Jahr 1999 eine Bewilligung für eine Erwerbsunfähigkeitsrente bekamen (Bödeker 2008: 86). Geringer Handlungsspielraum wurde bei Männern als der wichtigste Einzelfaktor hinsichtlich des Risikos, früher aus dem Beruf auszuscheiden, identifiziert, obwohl andere potenzielle Fehlbelastungen wie körperliche Anstrengung, psychische Anforderungen und äußere negative Einflüsse wie Hitze, Lärm, usw. in die Analyse einbezogen wurden. Bei Frauen hatte geringer Handlungsspielraum auf das Frühberentungsrisiko einen geringeren Einfluss (Bödeker 2008: 89 f.).

Zusammenfassen lassen sich folgende Punkte festhalten:

- Die beiden Variablen Stress und Autonomie werden in den Studien nicht einheitlich oder überhaupt nicht definiert, was zum Großteil darauf zurückzuführen ist, dass diese Problematik auch in der Theorie besteht.
- Viele Studien basierten auf den theoretischen Überlegungen des Anforderungs-Kontroll-Modells, was von Bödeker (2008: 102) ebenfalls bestätigt wurde.
- Die Mehrheit der hier vorgestellten Studien bestätigt die erste Hypothese, die besagt, dass ein Zusammenhang zwischen Autonomie und arbeitsbedingtem Stress grundsätzlich besteht.

- Die meisten dieser Studien stimmen außerdem darin überein, dass Autonomie den Zusammenhang zwischen Stressoren und Stress bzw. psychischen Störungen (mögliche Folge von chronischem Stress) moderiert, was der zweiten hier aufgestellten Hypothese entspricht.
- Wiederholt wurden auch der signifikante Effekt von sozialer Unterstützung genannt.
- Zwei Studien fanden einen negativen direkten Zusammenhang zwischen Autonomie und Stress bzw. mit Fehltagen (mögliche Folgen von chronischem Stress).
- Es gab auch Studien, die keine moderierende Funktion von Autonomie nachweisen konnten.
- Bezüglich der Geschlechter liegen unterschiedliche Ergebnisse vor.
- Eine der Studien zeigte, dass der direkte Zusammenhang zwischen Autonomie und arbeitsbedingten Befindensbeeinträchtigungen (also auch Stress) bei Führungskräften eher eine nebensächliche Rolle spielt.
- Die Untersuchungen von Bödeker deutete darauf hin, dass die dritte Hypothese, nach der Autonomie einen Stressor darstellt und deswegen eine positive Beziehung zu Stress hat, ebenfalls bestätigt werden kann. Der Grund hierfür liegt darin, dass er einen positiven Zusammenhang zwischen geringer Autonomie und Frühverrentung (mögliche Folge von chronischem Stress) fand.

Einige Autoren liefern weitere Indizien für die mögliche Annahme der dritten Hypothese, indem sie anhand aktueller Entwicklungen auf den Zusammenhang zwischen Stress und hoher Autonomie aufmerksam machen (Eichhorst et al. 2016: 10; Blum & Gutwald 2018: 164; Pröll 2003: 32).

Beispielweise äußern Eichhorst et al. (2016: 15) die Vermutung, dass hohe inhaltliche Autonomie bei gleichzeitig hohen Anforderungen oder bei einem Defizit von anderen Ressourcen in einem negativen Zusammenhang zu psychischer Gesundheit stehen und damit Stress erzeugen kann. In eine ähnliche Richtung geht auch die Argumentation von Blum und Gutwald (2018: 164). Die Autoren bringen zwei Befunde in einen Zusammenhang:

1. Erwerbstätige, die einer forschenden, führenden oder entwickelnden Tätigkeit nachgehen, in der sie sich mit Informationen auseinandersetzten, verfügen über viel Autonomie (Blum & Gutwald 2018: 164).
2. Bei dieser Erwerbstätigengruppe sind jedoch laut „aktuellen Zahlen über psychische Krankheiten […] negative Beeinträchtigungen ihrer Gesundheit und ihres Wohlergehens" (Blum & Gutwald: 2018: 164) besonders verbreitet.

Daraus wird die Tatsache abgeleitet, dass zu große Spielräume den Zeit- und Leistungsdruck erhöhen, da die Erwerbstätigen mit ihrer Freiheit überfordert werden (Blum & Gutwald 2018: 173). Auch laut Pröll (2003: 35) gibt es empirische Studien, die darauf hinweisen, dass hohe Autonomie in der Arbeit mit einem erhöhten Stressrisiko einhergeht.

Ein wichtiger Punkt sollte noch bedacht werden: Die Überprüfung der zweiten und dritten Hypothese unterliegt praktischen Problemen in der Umsetzung. Es müsste nämlich die Grenze festgelegt werden, ab wann Autonomie in einem angemessenen Grad vorliegt und wann es von ihr zu wenig oder zu viel gibt

8 Gestaltung der Arbeitsbedingungen

Mit Hilfe von theoretischen Ansätzen und zum Teil durch die hier aufgegriffenen empirischen Befunde, konnte gezeigt werden, dass Autonomie nur in einem angemessenen Ausmaß ihre schützende bzw. puffernde Funktion erfüllen kann. Außerdem gab es Anhaltspunkte dafür, dass nach einzelnen Autonomie-Dimensionen differenziert werden muss, da sie unterschiedliche Auswirkungen auf Stress haben können. Aus diesem Grund wird in diesem Kapitel kurz auf die Rahmenbedingungen eingegangen, die in der Erwerbsarbeit gegeben sein müssen, damit Autonomie einen positiven Effekt in Bezug auf die Beziehung zwischen Stressoren und Stress ausüben kann.

Nach der Unterscheidung zwischen inhaltlicher und organisatorischer Autonomie von Eichhorst et al. (2016: 10 f.), auf die bereits ausführlich eingegangen wurde, muss der Erwerbstätige über eine Kombination von hoher organisatorischer Autonomie und angemessener inhaltlicher Autonomie verfügen, damit durch die Freiräume äußere Stressoren gemildert werden können. Autonomie kann also in dem Fall schützend wirken, wenn in der Erwerbsarbeit viel Spielraum in Bezug auf Planung, Zeiteinteilung, Arbeitstempo und -rhythmus sowie Einflussnahme der Arbeitsmenge vorhanden sind aber gleichzeitig nicht alle Entscheidungen selbst getroffen werden müssen und Hilfe beim Lösen von Problemen angeboten wird (Chevalier & Kaluza 2015: 9).

Außerdem ist von Bedeutung, dass angemessene Handlungs- und Entscheidungsspielräume auch in Bezug auf Zielvorgaben existieren (Chevalier & Kaluza 2015: 9). Denn bei Freiräumen in einer ergebnisorientierten Unternehmenskultur, die lediglich Autonomie hinsichtlich Organisation aber nicht im Hinblick auf Zielbestimmung gewährt, können diese aufgrund der unmittelbaren Konfrontation mit dem Marktanforderungen nicht ausreichend genutzt werden, da der Marktdruck überwiegt. Dies wird von Gerlmaier auch als „'kontrollierte' Autonomie" (Gerlmaier 2002: 104) bezeichnet. Somit muss

Autonomie nicht nur vorhanden sein, sondern auch wahrgenommen und genutzt werden können (Pangert & Schüpbach 2011: 78). Anderseits sollte dieses in einer angemessenen Relation zu Arbeitsdruck bzw. Stressoren stehen, damit diese ausgeglichen werden können.

9 Fazit

Der durch die Arbeit verursachte Stress wurde aufgrund zahlrechen direkter und indirekter Kosten als ein bedeutendes Problem sowohl auf der individuellen als auch auf der kollektiven Ebene identifiziert. Trotz zahlreicher möglicher Stressursachen wurde in dieser Arbeit der Einflussfaktor Autonomie in Bezug auf das Stressgeschehen näher beleuchtet. Es sollte der Frage nachgegangen werden, ob es einen Zusammenhang zwischen Autonomie in der Arbeit und arbeitsbedingtem Stress gibt, da in der wissenschaftlichen Literatur über einen möglichen Zusammenhang diskutiert wird.

Autonomie in der Arbeit wurde als ein Spielraum hinsichtlich Handlungs- und Entscheidungsalternativen in Bezug auf Zeit, Ort, Mittel, Aufgaben, Inhalt sowie Vorgehensweise definiert. Unter Stress wurde ein unangenehmer kurzfristiger Spannungszustand verstanden, der dann eintritt, wenn eine Situation vom Individuum als bedrohlich oder nicht vollständig kontrollierbar beurteilt wurde.

Anhand von theoretischen Überlegungen wurde die Hypothese aufgestellt, dass ein Zusammenhang zwischen diesen beiden Variablen tatsächlich zu bestehen scheint. Außerdem wurde herausgearbeitet, dass Autonomie in Abhängigkeit von ihrem Ausmaß sowohl einen positiven als auch einen negativen Einfluss auf arbeitsbedingten Stress haben könnte, woraus zwei weitere Hypothesen abgeleitet wurden. Einen moderierenden bzw. puffernden Effekt auf die Beziehung zwischen Stressoren und Stress hätte sie in dem Fall, wenn sie in einem angemessenen Grad und somit als eine Ressource vorliegen würde. Läge sie jedoch als ein Stressor vor, wenn sie also zu groß oder zu gering wäre, so hätte sie das Potenzial, Strass auszulösen.

Die Befunde zeigten heterogene Ergebnisse. Obwohl der Großteil der hier angeführten Studien und Metaanalysen die ersten beiden Hypothesen bestätigen, lagen auch Untersuchungen vor, die keinen moderierenden Effekt von Autonomie bei bestimmten Berufsgruppen feststellen konnten. Auch für die Annahme der letzten Hypothese sprechen einige Befunde, wobei nicht genau bestimmt wurde, ab wann von viel und ab welchem Punkt von wenig Autonomie gesprochen wird. In Übereinstimmung mit zahlreichen theoretischen Ansätzen wurde zudem festgestellt, dass auch andere Ressourcen und vor allem soziale Unterstützung eine bedeutende Rolle im Stressgeschehen spielen.

Schließlich wurden die möglichen Rahmenbedingungen aufgezeigt, die in der Erwerbsarbeit gegeben sein müssten, damit aus Autonomie ein positiver Nutzen gezogen werden kann und sie selbst nicht zum erhöhten Stressrisiko beiträgt. Es wurde deutlich, dass eine Kombination aus hoher Autonomie bezüglich Planung, Zeiteinteilung, Arbeitstempo und -rhythmus, Einflussnahme auf die Arbeitsmenge und Zielvorgaben sowie Hilfestellung und Unterstützung in Bezug auf die Zielerfüllung zum Schutz vor Stressoren beitragen kann.

Insgesamt kann festgehalten werden, dass es nicht einzelne Faktoren für sich sind, die das Stressgeschehen in der Arbeitswelt beeinflussen. Es ist ein komplexes Zusammenspiel aus zahlreichen äußeren und inneren Elementen, die sich nicht nur auf die Arbeit beschränken. Jedoch hat ein angemessener Autonomiegrad das Potenzial, vor arbeitsbedingten Stressoren zu schützen, und kann damit zu einem entspannterem Arbeitsalltag der Erwerbstätigen beitragen.

Literaturverzeichnis

Allensbach, M., & A. Brechbühler, 2005: Stress am Arbeitsplatz. Theoretische Grundlagen, Ursachen und Prävention. 1. Auflage. Bern: Verlag Hans Huber.

Bakker, A. B., E. Demerouti & M. C. Euwema, 2005: Job Resources Buffer the Impact of Job Demands on Burnout. Journal of Occupational Health Psychology. 10 (2), 170–180. (http://web.a.ebscohost.com/ehost/command/detail?vid=0&sid=d28c4e54-fc1b-4eb5-980c-b739a9730d35%40sdc-v-sess-mgr01&bdata=JkF1dGhUeXBlPWl-wLHVpZCZzaXRlPWVob3NoLWxpd-mUmc2NvcGU9c2l0ZQ%3d%3d#jid=RA3&db=buh) – 04.12.2018.

Blum, C. & R. Gutwald, 2018: Gute Arbeit, resiliente Arbeiter? Psychische Belastungen im Arbeitskontext aus Sicht des Capability Ansatzes. S. 159-176 in: M. Karidi, M. Schneider & R. Gutwald (Hrsg.), Resilienz. Interdisziplinäre Perspektiven zu Wandel und Transformation. Wiesbaden: Springer Fachmedien.

Bonde, J. P. E., 2008: Psychosocial factors at work and risk of depression: a systematic review of the epidemiological evidence. Occupational and Environmental Medicine 65: 438–445. (https://oem.bmj.com/content/oemed/65/7/438.full.pdf) - 03.12.2018.

Bödeker, W., 2008: Geringer Handlungsspielraum als Ursache von Frühberentung – ein methodisches Artefakt? S: 85-110 in: W. Hien & W. Bödeker (Hrsg.), Frühberentung als Folge gesundheitsgefährdender Arbeitsbedingungen? Beiträge zum Stand der wissenschaftlichen Diskussion. Bremerhaven: Wirtschaftsverlag NW.

Bödeker, W. & M. Friedrichs, 2012: Kosten der psychischen Erkrankungen und Belastungen in Deutschland. S. 39-59 in: L. Schröder & H.-J. Urban (Hrsg.), Gute Arbeit. Zeitbombe Arbeitsstress-Befunde, Strategien, Regelungsbedarf. Frankfurt am Main: Bund-Verlag.

Chevalier, A. & G. Kaluza, 2015: Psychosozialer Stress am Arbeitsplatz: Indirekte Unternehmenssteuerung, selbstgefährdendes Verhalten und die Folgen für die Gesundheit. Bertelsmann-Stiftung. Gesundheitsmonitor Newsletter 01/2015. (https://www.bertelsmann-stiftung.de/fileadmin/files/ Projekte/17_Gesundheitsmonitor/Newsletter _Gesundheitsmonitor_selbstgefaehrdendes_Verhalten_20150316.pdf.) - 03.12.2018.

Dhondt, S., 1997: Arbeitsdruck und Arbeitsautonomie in der Europäischen Union. Luxembourg: Amt für Amtliche Veröffentlichungen der Europäischen Gemeinschaften.

Dragano, N., 2007: Arbeit, Stress und krankheitsbedingte Frührenten. Zusammenhänge aus theoretischer und empirischer Sicht. Wiesbaden: VS Verlag für Sozialwissenschaften.

Ducki, A., 2000: Diagnose gesundheitsförderlicher Arbeit. Zürich: vdf Hochschulverlag.

Dunckel, H., 1991: Mehrfachbelastung und psychosoziale Gesundheit. S. 154-167 in: S. Greif, E. Bamberg & N. Semmer (Hrsg.), Psychischer Streß am Arbeitsplatz. Göttingen: Verlag für Psychologie.

Eichhorst, W., V. Tobsch & C. Wehner, 2016: Neue Qualität der Arbeit? Zur Entwicklung von Arbeitskulturen und Fehlzeiten. S. 9-20 in: B. Badura, A. Ducki, H. Schröder, J. Klose & M. Meyer (Hrsg.), Fehlzeiten-Report 2016. Unternehmenskultur und Gesundheit –Herausforderungen und Chancen. Zahlen, Daten, Analysen aus allen Branchen der Wirtschaft. Heidelberg: Springer.

Frese, M. & N. Semmer, 1991: Streßfolgen in Abhängigkeit von Moderatorvariablen: Der Einfluß von Kontrolle und sozialer Unterstützung. S. 135-153 in: S. Greif, E. Bamberg & N. Semmer (Hrsg.), Psychischer Streß am Arbeitsplatz. Göttingen: Verlag für Psychologie.

Frey, M., 2009: Autonomie und Aneignung in der Arbeit. Eine soziologische Untersuchung zur Vermarktlichung und Subjektivierung von Arbeit. Mering: Rainer Hampp Verlag.

Galais, N., C. Sende, D. Hecker & H.-G. Wolff, 2012: Flexible und atypische Beschäftigung: Belastungen und Beanspruchung. S. 109-121 in: B. Badura, A. Ducki, H. Schroder, J. Klose & M. Meyer (Hrsg.), Fehlzeiten-Report 2012. Gesundheit in der flexiblen Arbeitswelt: Chancen nutzen – Risiken minimieren. Heidelberg: Springer Verlag.

Gerlmaier, A., 2002: Neue Selbstständigkeit. Anforderungen, Ressourcen und Beanspruchungsfolgen bei neuen Formen der Wissensarbeit. Saarbrücken: VDM Verlag Dr. Müller.

Gerlmaier, A. & M. Kastner, 2003: Neue Formen selbstregulativ-flexibler Arbeit im IT-Bereich: Anforderungen, Ressourcenpotenziale und ihre Auswirkungen auf die Arbeits- und Lebensqualität. S. 217-245 in: Neue Selbstständigkeit. Anforderungen, Ressourcen und Beanspruchungsfolgen bei neuen Formen der Wissensarbeit. Saarbrücken: VDM Verlag Dr. Müller.

Greif, S., 1991: Streß in der Arbeit - Einführung und Grundbegriffe - .S. 1-28 in: S. Greif, E. Bamberg & N. Semmer (Hrsg.), Psychischer Streß am Arbeitsplatz. Göttingen: Verlag für Psychologie.

Gundert, S., 2013: Qualität der Arbeit im Wandel. S. 17-42 in: R. Haubl, B. Hausinger & G. G. Voß (Hrsg.), Riskante Arbeitswelten. Zu den Auswirkungen moderner Beschäftigungsverhältnisse auf die psychische Gesundheit und die Arbeitsqualität. Frankfurt am Main: Campus Verlag GmbH.

Han, K.-M., C. Shin, H.-K. Yoon, Y.-H. Ko, Y.-K. Kim & C. Han, 2018: Emotional labor and depressive mood in service and sales workers: Interactions with gender and job autonomy. Psychiatry Research 267: 490–498. (https://reader.elsevier.com/reader/sd/pii/S0165178117323387?token=708A940ECE028408A8064AC463D2B3CBA6D3C48B4E0B4D1FE9F19177906ACBFCD46144CC533A4954ACFEC4D310913AE3) – 04.12.2018.

Hannack, E. & E. Räder, 2011: Auf dem Weg zu guter Arbeit-Gesundheit in der Arbeitswelt. S. 433-444 in: Schott, T. Schott & C. Hornberg (Hrsg.), Die Gesellschaft und ihre Gesundheit. Wiesbaden: VS Verlag für Sozialwissenschaften.

Hapke, U., U. E. Maske, C. Scheidt-Nave, L. Bode, R. Schlack & M. A. Busch, 2013: Chronischer Stress bei Erwachsenen in Deutschland. Ergebnisse der Studie zur Gesundheit Erwachsener in Deutschland (DEGS1). Bundesgesundheitsblatt 5-6: 749-754. (https://www.springermedizin.de/chronischer-stress-bei-erwachsenen-in-deutschland/8012680?searchResult=1.chronischer%20stress%20erwachsenen%20deutschland&searchBackButton=true) - 03.12.2018.

Hohner, H.-U., 1987: Kontrollbewußtsein und berufliches Handeln. Motivationale und identitätsbezogene Funktionen subjektiver Kontrollkonzepte. Bern: Verlag Hans Huber.

Holliday, C. S., S. C. Paustian-Underdahl, Z. Ordóñez, S. G. Rogelberg & H. Zhang, 2018: Autonomy as a key resource for women in low gender egalitarian countries: A cross-cultural examination. Human Resource Management 57: 601–615. (https://onlinelibrary.wiley.com/doi/full/10.1002/hrm.21874) - 28.11.2018.

Hüning, L, S. Böhm & U. Fugli, 2018: Die Auswirkungen von Autonomie, Kompetenz und sozialer Eingebundenheit auf die Gesundheit und Arbeitsfähigkeit von Mitarbeitern. S. 269- in: B. Badura, A. Ducki, H. Schröder, J. Klose & M. Meyer (Hrsg.), Fehlzeiten-Report 2018. Sinn erleben – Arbeit und Gesundheit. Zahlen, Daten, Analysen aus allen Branchen der Wirtschaft. Berlin: Springer-Verlag.

Junghanns, G. & M. Morschhäuser, 2013: Psychische Belastung bei Wissens- und Dienstleistungsarbeit – eine Einführung. S. 9-16 in: Bundesanstalt für Arbeitsschutz und Arbeitsmedizin, G. Junghanns & M. Morschhäuser (Hrsg.), Immer schneller, immer mehr. Psychische Belastung bei Wissens- und Dienstleistungsarbeit. Wiesbaden: Stringer Fachmedien.

Kastner, M., 2003: Anforderungen autonomer und flexibler Arbeit an Führung und Organisation. S. 37- 47 in: M. Kastner (Hrsg.), Neue Selbstständigkeit in Organisationen. Selbstbestimmung, Selbsttäuschung, Selbstausbeutung? München und Mering: Rainer Hampp.

Kohte, W., 2012: Arbeitsbedingter Stress – Perspektiven der Regulierung und Gestaltung. S. 76-88 in: L. Schröder & H.-J. Urban (Hrsg.), Gute Arbeit. Zeitbombe Arbeitsstress-Befunde, Strategien, Regelungsbedarf. Frankfurt am Main: Bund-Verlag.

Korunka, C. & B. Kubicek, 2013: Beschleunigung im Arbeitsleben – neue Anforderungen und deren Folgen. S. 17-39 in: Bundesanstalt für Arbeitsschutz und Arbeitsmedizin, G. Junghanns & M. Morschhäuser (Hrsg.), Immer schneller, immer mehr. Psychische Belastung bei Wissens- und Dienstleistungsarbeit. Wiesbaden: Springer Fachmedien.

Kratzer, N. & W. Dunkel, 2011: Arbeit und Gesundheit im Konflikt. Zur Einführung. S. 13-33 in: N. Kratzer, W. Dunkel, K. Becker & S. Hinrichs (Hrsg.), Arbeit und Gesundheit im Konflikt. Analysen und Ansätze für ein partizipatives Gesundheitsmanagement. Berlin: edition sigma.

Krater, N. & W. Dunkel, 2013: Neue Steuerungsformen bei Dienstleistungsarbeit – Folgen für Arbeit und Gesundheit. S. 41-62 in: G. Junghanns & M. Morschhäuser, Bundesanstalt für Arbeitsschutz und Arbeitsmedizin (Hrsg.), Immer schneller, immer mehr. Psychische Belastung bei Wissens- und Dienstleistungsarbeit. Wiesbaden: Springer Fachmedien.

Kroll, L. E., S. Müters & N. Dragano, 2011: Arbeitsbelastung und Gesundheit. GBE Kompakt. Zahlen und Trends aus der Gesundheitsberichterstattung des Bundes 5: 1-7. (https://www.rki.de/DE/Content/Gesundheitsmonitoring/Gesundheitsberichterstattung/GBEDownloadsK/2011_5_Arbeitsbelastungen.pdf?__blob=publicationFile) - 03.12.2018.

Latocha, K., 2015: Verbesserung der psychischen Gesundheit am Arbeitsplatz. Evaluation eines arbeitspsychologischen Gesundheitsförderungsprogramms. Wiesbaden: Springer Fachmedien.

Lenhardt, U., 2001: Neue Arbeitsformen zwischen Gesundheitsrisiken und -ressourcen. Herausforderungen für eine gesundheitsförderliche Arbeitspolitik. S. 51-68 in: K. Pickshaus, H. Schmitthenner & H.-J. Urban (Hrsg.), Arbeiten ohne Ende. Neue Arbeitsverhältnisse und gewerkschaftliche Arbeitspolitik. Hamburg: VSA-Verlag.

Lohmann-Haislah, A., 2012: Stressreport Deutschland 2012. Psychische Anforderungen, Ressourcen und Befinden. Dortmund/Berlin/Dresden: Bundesanstalt für Arbeitsschutz und Arbeitsmedizin.

Metz, A.-M. & H.-J. Rothe, 2017: Screening psychischer Arbeitsbelastung. Ein Verfahren zur Gefährdungsbeurteilung. Wiesbaden: Springer Fachmedien.

Meyer, M., K. Wehner & P. Cichon, 2017: Krankheitsbedingte Fehlzeiten in der deutschen Wirtschaft im Jahr 2016. S. 281-474 in: B. Badura, A. Ducki, H. Schröder, J. Klose & M. Meyer (Hrsg.), Fehlzeiten-Report 2017. Krise und Gesundheit – Ursachen, Prävention, Bewältigung. Zahlen, Daten, Analysen aus allen Branchen der Wirtschaft. Berlin: Springer-Verlag.

Minssen, H., 2012: Arbeit in der modernen Gesellschaft. Eine Einführung. Wiesbaden: VS Verlag für Sozialwissenschaften.

Nauta, M. M., C. Liu & C. Li, 2010: A Cross-National Examination of Self-Efficacy as a Moderator of Autonomy/Job Strain Relationships. APPLIED PSYCHOLOGY: AN INTERNATIONAL REVIEW 59 (1): 159-179. (https://onlinelibrary.wiley.com/doi/epdf/10.1111/j.1464-0597.2008.00375.x) – 03.12.2018.

Neuner, R., 2016: Psychische Gesundheit bei der Arbeit. Betriebliches Gesundheitsmanagement und Gefährdungsbeurteilung psychischer Belastung. 2., überarbeitete Auflage. Wiesbaden: Springer Fachmedien.

O'Donnell, E., K. Landolt, A. Hazi, N. Dragano & B. J. Wright, 2015: An experimental study of the jobdemand—control model with measures ofheart rate variability and salivary-alpha-amylase: Evidence of increased stressresponses to increased break autonomy. The Official Journal of the International Society of Psychoneuroendocrinology 51, 24-34. (https://www.sciencedirect.com/science/article/pii/S0306453014003576) - 04.12.2018.

Oppolzer, A., 2010: Psychische Belastungen aus Sicht der Arbeitswissenschaft und Ansätze für die Prävention. S. 13 – 22 in: B. Badura, H. Schröder, J. Klose & K. Macco (Hrsg.), Fehlzeiten-Report 2009. Arbeit und Psyche: Belastungen reduzieren – Wohlbefinden fordern. Berlin Heidelberg: Springer-Verlag.

Pangert, B. & H. Schüpbach, 2011: Arbeitsbedingungen und Gesundheit von Führungskräften auf mittlerer und unterer Hierarchieebene. S. 71-79 in: B. Badura, A. Ducki, H. Schroder, J. Klose & K. Macco (Hrsg.), Fehlzeiten-Report 2011. Führung und Gesundheit. Heidelberg: Springer-Verlag.

Peters, K., 2003: Individuelle Autonomie von abhängig Beschäftigten. Selbsttäuschung und Selbstverständigung unter den Bedingungen indirekter Unternehmenssteuerung. S. 77-106 in: M. Kastner (Hrsg.), Neue Selbstständigkeit in Organisationen. Selbstbestimmung, Selbsttäuschung, Selbstausbeutung? Mering: Rainer Hampp Verlag.

Peters, K, 2011: Indirekte Steuerung und interessierte Selbstgefährdung. Eine 180-Grad-Wende bei der betrieblichen Gesundheitsförderung. S. 105-122 in: N. Kratzer, W. Dunkel, K. Becker & S. Hinrichs (Hrsg.), Arbeit und Gesundheit im Konflikt. Analysen und Ansätze für ein partizipatives Gesundheitsmanagement. Berlin: edition sigma.

Pieck, N., 2008: Geschlechtergerechtes Gesundheitsmanagement im öffentlichen Dienst. S. 211-227 in: B. Badura, H. Schröder & C. Vetter (Hrsg.), Fehlzeiten-Report 2007. Zahlen, Daten, Analyse aus allen Branchen der Wirtschaft. Arbeit, Geschlecht und Gesundheit. Geschlechteraspekte im betrieblichen Gesundheitsmanagement. Heidelberg: Springer Medizin Verlag.

Plaumann, M., A. Busse & U. Walter, 2006: Grundlagen zu Stress. S. 3-12 in: KKH Kaufmännische Krankenkasse (Hrsg.), Weißbuch Prävention 2005/2006. Stress? Ursachen, Erklärungsmodelle und präventive Ansätze. Heidelberg: Springer Medizin Verlag.

Plaumann, M., A. Busse & U. Walter, 2006: Stressbelastungen und ihre Prävention in der Arbeitswelt. S. 131-177 in: KKH Kaufmännische Krankenkasse (Hrsg.), Weißbuch Prävention 2005/2006. Stress? Ursachen, Erklärungsmodelle und präventive Ansätze. Heidelberg: Springer Medizin Verlag.

Poppelreuter, S. & K. Mierke, 2008: Psychische Belastungen am Arbeitsplatz. Ursachen – Auswirkungen – Handlungsmöglichkeiten. 3., völlig neu bearbeitete und wesentlich erweiterte Auflage. Berlin: Erich Schmidt Verlag.

Poulsen, I., 2012: Stress und Belastung bei Fachkräften der Jugendhilfe. Ein Beitrag zur Burnoutprävention. Wiesbaden: VS Verlag für Sozialwissenschaften.

Pröll, U., 2003: Flexible Arbeit und Gesundheit. Intensivierungsrisiken und Ansatzpunkte nachhaltiger Gestaltung. S. 31-52 in: Jahrbuch für kritische Medizin und Gesundheitswissenschaften. Band 39 – Arbeit und Gesundheit. Hamburg: Argument Verlag.

Richter, P. & W. Hacker, 2008: Belastung und Beanspruchung. Stress, Ermüdung und Burnout im Arbeitsleben. 2. Auflage. Kröning: Asanger Verlag.

Richter, P., 2013: Diagnostik psychischer Belastungen- unerlässlicher Bestandteil von Gefährdungsuntersuchungen. S. 141-150 in: L. Schröder & H.-J. Urban (Hrsg.), Gute Arbeit. Anti-Stress-Initiativen: Impulse aus Praxis und Wissenschaft. Frankfurt am Main: Bund-Verlag.

Rudow, B., 2014: Die gesunde Arbeit. Psychische Belastungen, Arbeitsgestaltung und Arbeitsorganisation. 3., aktualisierte und erweiterte Auflage. München: Oldenbourg Wissenschaftsverlag.

Schermuly, C. C., 2016: New Work- Gute Arbeit gestalten. Psychologisches Empowerment von Mitarbeitern. 1. Auflage. Freiburg: Haufe-Lexware.

Scheuch, K. 2002: Neue Konzepte und Befunde der multidisziplinären Stressforschung. S. 10-19 in: J. Schumacher, K. Reschke & H. Schröder (Hrsg.), Mensch unter Belastung. Erkenntnisfortschritt und Anwendungsperspektiven der Stressforschung. Bad Homburg: VAS.

Schröder, H., 2002: Als ein Vorwort: Beim Stress nichts Neues? S. 3-9 in: J. Schumacher, K. Reschke & H. Schröder (Hrsg.), Mensch unter Belastung. Erkenntnisfortschritte und Anwendungsperspektiven der Stressforschung. Bad Homburg: VAS.

Schröder, L. & H.-J. Urban, 2012: Einleitung. S. 17-22 in: L. Schröder & H.-J. Urban (Hrsg.), Gute Arbeit. Zeitbombe Arbeitsstress – Befunde, Strategien, Regelungsbedarf. Frankfurt am Main: Bund-Verlag.

Semmer, N. & H. Dunckel, 1991: S.57-90 in: S. Greif, E. Bamberg & N. Semmer (Hrsg.), Psychischer Streß am Arbeitsplatz. Göttingen: Verlag für Psychologie.

Siegrist, J., 2013: Gesundheitsgefährdender Arbeitsstress? Antworten der Wissenschaft. S. 82-88 in: L. Schröder & H.-J. Urban (Hrsg.), Gute Arbeit. Anti-Stress-Initiativen: Impulse aus Praxis und Wissenschaft. Frankfurt am Main: Bund-Verlag.

Stansfeld, S. & B. Candy, 2006: Psychosocial work environment and mental health- a meta-analytic review. Scandinavian Journal of Work, Environment and Health 32 (6): 443-462. (https://www.jstor.org/stable/pdf/40967597.pdf?refreqid=excelsior%3Ac85c60d12281df63237aee44bcd4de43) - 03.12.2018.

Udris, I., H. Dunckel & G. Mohr, 1991: Das Projekt „Psychischer Stress am Arbeitspaltz" - methodischer Ansatz, Stichproben, Untersuchungsphasen -. S. 46-56 in: S. Greif, E. Bamberg & N. Semmer (Hrsg.), Psychischer Streß am Arbeitsplatz. Göttingen: Verlag für Psychologie.

Urban, H.-J., K. Pickshaus & A. Fergen, 2012: Das Handlungsfeld psychische Belastungen – Die Schutzlücke schließen. S. 23-38 in: L. Schröder & H.-J. Urban (Hrsg.), Gute Arbeit. Zeitbombe Arbeitsstress-Befunde, Strategien, Regelungsbedarf. Frankfurt am Main: Bund-Verlag.

Vahle-Hinz, T. & A. Plachta, 2014: Flexible Beschäftigungsverhältnisse. S. 103-111 in: B. Badura, A. Ducki, H. Schröder, J. Klose & M. Meyer (Hrsg.), Fehlzeiten-Report 2014. Erfolgreiche Unternehmen von morgen – gesunde Zukunft heute gestalten. Heidelberg: Springer-Verlag.

Voß, G. G., C. Handrichs, C. Koch-Falkenberg & C. Weiß, 2013: Zeit- und Leistungsdruck in der Wahrnehmung supervisorischer Experten. S. 63-96 in: G. Junghanns & M. Morschhäuser, Bundesanstalt für Arbeitsschutz und Arbeitsmedizin (Hrsg.), Immer schneller, immer mehr. Psychische Belastung bei Wissens- und Dienstleistungsarbeit. Wiesbaden: Springer Fachmedien.

Wanek, V., 2013: Arbeitsstressmodelle auf dem Prüfstand: Erklären sie den Anstieg der psychischen Morbidität bei Beschäftigten? S. 108-118 in: L. Schröder & H.-J. Urban (Hrsg.), Gute Arbeit. Anti-Stress-Initiativen: Impulse aus Praxis und Wissenschaft. Frankfurt am Main: Bund-Verlag.

Wohlers, K. & M. Hombrecher, 2016: Entspann dich, Deutschland - TK-Stressstudie 2016. Hamburg: Techniker Krankenkasse.

Zoike, E., 2012: Längeres Arbeitsleben und psychische Gesundheit. S. 60-75 in: L. Schröder & H.-J. Urban (Hrsg.), Gute Arbeit. Zeitbombe Arbeitsstress-Befunde, Strategien, Regelungsbedarf. Frankfurt am Main: Bund-Verlag.